DER AUTOR

PATRICK MIKOLAJ

Patrick Mikolaj – geboren 1980 in Kirchheim unter Teck – ist heute mit Herzblut Stuttgarter. Der hauptberufliche Kaufmann stieß im Sommer 2012 als Blogger auf seiner Facebook-Seite UNNÜTZES STUTTGARTWISSEN überraschend auf großes Interesse. Zum erfolgreichen Blog erschien daraufhin im Lokalteil Verlag die gleichnamige Buchreihe. Mikolaj lieferte auch die Texte für mehrere Bücher der Reihe *Stuttgarterle* und für das Spazierbuch *Stuttgart to go*. Zum Thema UNNÜTZES STUTTGARTWISSEN zeichnet er zudem für mehrere erfolgreiche Stadtführungen verantwortlich.

VORWORT

Die Begeisterung, mit der Autor Patrick Mikolaj bisher unbekannte Sehenswürdigkeiten aufspürt, steckt an. Sie bringt uns dazu, dass wir genauer hinschauen in der Stadt, die wir zu kennen glauben. Skurriles und Ungeahntes entdeckt der wohl bekannteste Lokalpatriot Stuttgarts bei seinen Touren und Spaziergängen, ob im Kessel oder auf den Hügeln, sowie bei seinen Besuchen in Museen oder Bibliotheken. Er ist wie ein Eichhörnchen. Immer am Sammeln, immer Augen und Ohren auf, immer neugierig. Mit seiner Hilfe können wir hinter die Kulissen der Stadt blicken und Ungereimtheiten der Stadtentwicklung verstehen lernen. Schon den ersten Band haben wir verschlungen, fasziniert von der lockeren Art, wie Patrick Mikolaj Stadtgeschichte auch für Jüngere spannend erzählt. Und wir Zeitungsleute können ihn jederzeit anrufen, weil er uns bei kniffligen Fragen stets weiterhilft. Zum unentbehrlichen Nachschlagewerk sind die USW-Bücher geworden.

Es ist unglaublich, wie unnützes Wissen im Gedächtnis bleibt, obwohl man sich dies gar nicht zu merken braucht. Zu Schulzeiten hat man viel Wissen in uns reingehämmert, das wir für absolut überflüssig hielten. Heute aber sind Zehntausende ganz scharf auf unnütze Fakten, die Patrick Mikolaj auch bei Facebook ins Netz stellt. Im neuen Band führt er uns ins Eiernest, zum ehemaligen Zuchthaus im Westen, zu Stuttgarts ältestem Kino und zu vielem mehr. Lassen Sie sich, liebe Leserinnen und Leser, überraschen!

Das Unnütze Stuttgartwissen hat eine neue Art von Heimatliebe geweckt, ohne dabei die Heimat mit rosaroter Sicht zu verklären. Wer seine Stadt liebt, kann auch ihr schärfster Kritiker sein. Fast körperliche Schmerzen bereitet es Patrick Mikolaj, wenn er daran denkt, wie in Stuttgart mit historischen Gebäuden umgegangen wird, wenn er sieht, wie der Denkmalschutz für gesichtslose Neubauten geopfert wird.

Tausend Dank, Patrick! Deine Leidenschaft für unsere Stadt tut dieser gut! Im Bücherschrank von Stuttgart-Freunden dürfen Deine Bücher nicht fehlen. Denn Unnützes kann so sinnvoll und spannend sein!

Uwe Bogen
Journalist der Stuttgarter Zeitung und Stuttgarter Nachrichten

INHALT

IN DER CITY	7
IM NORDEN	87
IM SÜDEN	105
IM OSTEN	125
IM WESTEN	141
IM NECKARTAL	157
AUF DEN FILDERN	185
AUF HÜGELN UND IN TÄLERN	199
GESCHICHTE UND GESCHICHTEN	217
PERSONEN	235
STICHWORTVERZEICHNIS	250

IN DER CITY

8	ALTE KANZLEI	33	HOF-APOTHEKE	56	NEUES SCHLOSS
11	ALTES SCHLOSS	34	HOSPITALKIRCHE	59	OBERPOSTDIREKTION
13	ALTES WAISENHAUS	35	HOSPITALVIERTEL	60	PLANETARIUM
14	BERLINER MAUER	36	HOTEL SILBER	62	PRINZENBAU
15	BOHNENVIERTEL	38	KLEINER SCHLOSSPLATZ	63	RATHAUS
17	BREUNINGER	39	KÖNIG VON ENGLAND	65	RATHAUSTURM
18	BREUNINGER-BAD	40	KÖNIGIN-OLGA-BAU	67	SCHILLERDENKMAL
19	BREZELKÖRBLE	41	KÖNIGSTOR	68	SCHLOSSKIRCHE
21	KINGS CLUB	42	KRONPRINZSTRASSE	69	SCHRIFTSTELLERHAUS
22	DOROTHEENPLATZ	43	KULTURMEILE	70	SCHULSTRASSE
25	EUROPAVIERTEL	44	KUNSTGEBÄUDE	71	ST. EBERHARD KIRCHE
26	FERDINAND-LEITNER STEG	46	LANDTAG	75	STADTPALAIS
27	FISCHMARKT	51	MAHNMAL	76	STIFTSKIRCHE
28	FLOHMARKT	52	MARKTBRUNNEN	81	THEODOR-HEUSS-STRASSE
29	HAUPTBAHNHOFTURM	53	MERKURSÄULE		
30	HAUPTBAHNHOF	54	MINIMENT	82	UNIVERSITÄT
32	HAUS DER WIRTSCHAFT	55	MUSIKPAVILLION	84	WILHELMSPLATZ

IN DER CITY

ALTE KANZLEI

VON PORTAL UND SCHREIBEREI

Wenn man die **Alte Kanzlei** am Schillerplatz genau betrachtet, wird man feststellen, dass das Gebäude aus zwei Teilen besteht. In der Mitte überragt ein Treppengiebel das Dach. Er ist die sichtbare Spitze einer Brandmauer, die die beiden Gebäudehälften voneinander trennt. Daher gibt es auch gleich zwei reich geschmückte Eingangsportale, und jeder Gebäudeteil hat seinen eigenen, markanten Treppenturm. Der ältere, näher am Alten Schloss gelegene Teil der Kanzlei entstand bis 1544 und sollte die *Landschreiberei* und die *Hof- und Rentkammer* aufnehmen. Da die Beamten bequem zwischen dem Schloss – das von einem Wassergraben umgeben war – und ihrer Amtsstube wechseln können sollten, verband ein überdachter Holzsteg beide Gebäude. Die Kanzlei musste jedoch immer mehr Beamte aufnehmen, was dazu führte, dass bereits 23 Jahre später ein Erweiterungsbau errichtet wurde und man das bestehende Gebäude um eine Etage aufstockte. In den 1830er-Jahren entstand an der Königstraße schließlich ein neuer Kanzleibau. Seither trägt das Doppelhaus am Schillerplatz den Namen Alte Kanzlei. Im Altbau haben die Finanzbeamten jedoch längst für einen anderen Verwaltungszweig Platz gemacht. Die Büroräume über dem Restaurant im Erdgeschoss werden heute vom Landesjustizministerium genutzt.

IN DER CITY

ALTES ARMENHAUS

Ein kleines, unscheinbares Häuschen steht an einer prominenten Stelle in der City. Was man dem Häuschen an der Ecke Hauptstätter Straße und Wilhelmsplatz nicht ansieht: Es ist bereits über 500 Jahre alt. Im 15. Jahrhundert erbaut, diente es über die Jahrhunderte als Armenhaus und Altenheim für mittellose Menschen. Das Häusle lag bei seiner Erbauung an der Stadtgrenze und ist somit eines der ältesten noch erhaltenen Gebäude im Stuttgarter Talkessel.

IN DER CITY

ALTES SCHAUSPIELHAUS

VON BÜHNE UND ENSEMBLE

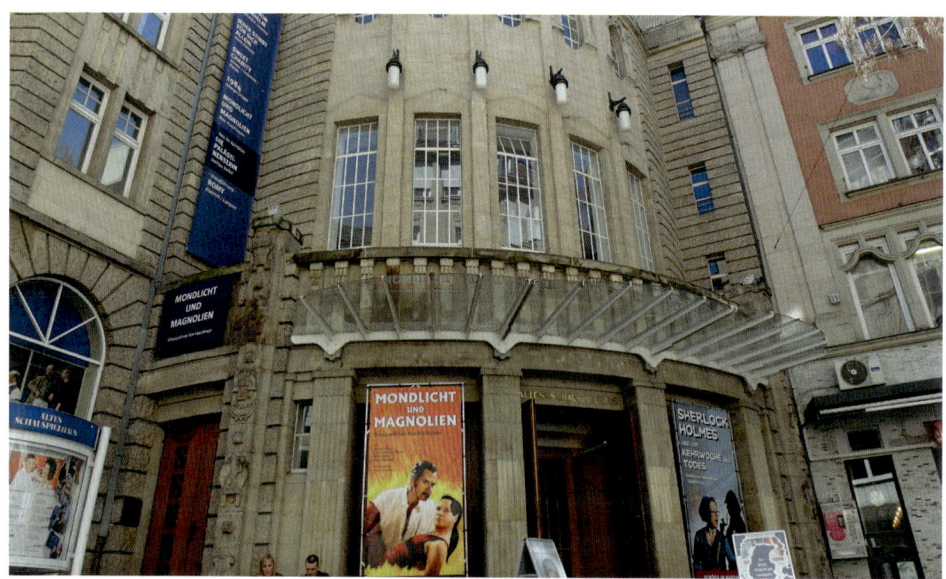

Anfang des 20. Jahrhunderts wurde am oberen Ende der Königstraße eine alte Legationskaserne abgerissen und an ihrer Stelle der Wilhelmsbau errichtet. Durch den Abriss der Kaserne entstand auch Platz für eine neue kleine Straße, die fortan die Marienstraße und die Tübinger Straße miteinander verbinden sollte. An dieser Kleinen Königstraße entstand 1909 das *Stuttgarter Schauspielhaus* mit seiner markanten, halbrunden Jugendstilfassade. Die neue Theaterbühne machte sich schnell einen Namen und erlebte in den 1920er- und 1930er-Jahren ihre Blütezeit. Nach dem Zweiten Weltkrieg wurde das Schauspielhaus zügig wieder aufgebaut und war ab 1950 für zwölf Jahre die Heimat des Schauspielensembles des Württembergischen Staatstheaters, dessen eigene Schauspielbühne im Schlossgarten im Bombenhagel zerstört wurde. Als 1962 im Schlossgarten der Neubau an selber Stelle fertiggestellt war, zog das Ensemble dorthin zurück. Das Theater in der Kleinen Königstraße wurde geschlossen und fiel in einen Dornröschenschlaf. Erst Anfang der 1980er-Jahre wurde das Theater wieder zum Leben erweckt. Es wurde von Grund auf saniert und 1984 unter dem Namen **Altes Schauspielhaus** wiedereröffnet.

IN DER CITY

ALTES SCHLOSS

VON BAUSTART UND GEMÄUER

Wenn man einst den Bau eines *neuen* Schlosses in Stuttgart in Auftrag gegeben hatte, was sollte dann mit dem *alten* Schloss in direkter Nachbarschaft geschehen? Die Herzöge hatten Stuttgart 1718 den Rücken gekehrt, das **Alte Schloss** verlassen und Ludwigsburg zur Residenz gemacht. Als man wieder nach Stuttgart zurückkehren wollte, wurde 1746 der Grundstein für das Neue Schloss gelegt. Doch schon einige Jahre vor dem Baustart hatte Stuttgart den Status der Residenzstadt Württembergs zurückerhalten. Daher bewohnte Herzog Carl Eugen neben Schloss Ludwigsburg gelegentlich auch das Alte Schloss und erlöste das mittelalterliche Gemäuer so aus seinem jahrzehntelangen Schattendasein.

Als in den 1770er-Jahren die ersten Räumlichkeiten im Neuen Schloss bezogen werden konnten, hatte sein Vorgängerbau für die Herzöge fast gänzlich ausgedient. Dort zog nun unter anderem ein Erziehungsinstitut für adelige und wohlhabende bürgerliche Mädchen ein. Das Alte Schloss war damit zu einer Art Nebengebäude des Neuen Schlosses geworden, und so wurden dort Wohnräume für den Hofstaat und auch ein Teil der Hofämter eingerichtet. Das Alte Schloss hatte sich somit zu einem Büro- und Wohngebäude gewandelt. Auch die Nutzung als Museum ist keine Idee der Neuzeit. Denn bereits 1899 ließ König Wilhelm II. hier ein Armeemuseum einrichten.

ALTES SCHLOSS

Das Alte Schloss war über Jahrhunderte von einem bis zu acht Meter tiefen Wassergraben umgeben. Dieses Wasser wurde aus dem nahen Nesenbach dorthin umgeleitet. Teile des Grabens wurden im 16. Jahrhundert trockengelegt. Hier hielt man schließlich – getrennt voneinander – Bären und Damhirsche. 1777 wurde der letzte Teil des Schlossgrabens zugeschüttet.

IN DER CITY

ALTES WAISENHAUS

VON AUSLAND UND REICH

Zur NS-Zeit erhielten verschiedene Städte einen sogenannten Ehrentitel. Stuttgart wurde 1936 zur *Stadt der Auslandsdeutschen* ernannt. Vor allem das bereits 1917 gegründete *Deutsche Auslands-Institut* mit Sitz im *Haus des Deutschtums* – dem **Alten Waisenhaus** am Charlottenplatz – wurde hierfür zweckentfremdet. Das Institut wurde ursprünglich gegründet, um das Leben der sich im Ausland befindlichen deutschen Volksgruppen zu dokumentieren und auswanderwilligen Deutschen beratend zur Seite zu stehen. Nachdem die Nationalsozialisten an die Macht gekommen waren, wurde das Konzept des Instituts komplett umgekrempelt. Fortan lagen seine Aufgaben unter anderem darin, Kontakte zu Organisationen im Ausland zu pflegen, die als „volksdeutsch" galten. Auch dafür, dass die NS-Propaganda die Auslandsdeutschen erreichte, war das DAI verantwortlich. Durch seine Vermittlerrolle arbeitete das Institut zudem eng mit der *Volksdeutschen Mittelstelle* zusammen, zu deren Aufgaben es gehörte, die im Ausland lebenden Deutschen Volksgruppen „Heim ins Reich" zu holen – also umzusiedeln. Nach dem Ende der NS-Zeit erhielt das Institut die Chance für einen Neuanfang. Als *Institut für Auslandsbeziehungen* liegen seine Aufgaben heute unter anderem in der Förderung der Völkerverständigung und darin, für ein positives Auftreten Deutschlands im Ausland zu sorgen.

BERLINER MAUER

Auch in Stuttgart steht ein Stück der Berliner Mauer. Zum 20. Jahrestag des Mauerfalls 2009 schenkte die BILD-Zeitung allen Landeshauptstädten ein Mauersegment als „Symbol der Freiheit". Ein solches Stück deutscher Geschichte – 3,60 Meter hoch und 2,7 Tonnen schwer – befindet sich heute an der Kulturmeile – der Bundesstraße 14 – in unmittelbarer Nähe zum Landtag.

BERLINER PLATZ

Hinter dem Hospitalviertel befand sich bis zum Ende des 18. Jahrhunderts die nördliche Stadtgrenze. Vor der Stadtmauer erstreckten sich drei Trink- und Löschwasserseen. Aus hygienischen Gründen wurden sie im 18. Jahrhundert jedoch nach und nach aufgelassen und eingeebnet. Auf diesem Areal befinden sich heute die Universität und der Stadtgarten sowie der Berliner Platz und das Bosch Areal. Lediglich die Seestraße – die ursprünglich vom Bezirk Stuttgart-Nord direkt auf den Stadtgarten zuführte – erinnert heute noch namentlich an die verschwundenen Gewässer.

IN DER CITY

BOHNENVIERTEL

VON KUTSCHE UND LUFTSCHIFF

Die Karosserie für Daimlers erstes Automobil kam aus dem **Bohnenviertel** in der Stuttgarter Altstadt. Der Wagenbauer Wilhelm Wimpff hatte sich dort ab Mitte des 19. Jahrhunderts mit seiner Werkstatt in der Rosenstraße angesiedelt. Im Jahr 1886 besuchte Gottlieb Daimler seine Werkstatt und orderte bei ihm eine Kutsche, die er nach Cannstatt geliefert bekommen wollte. Wimpff ahnte damals nicht, dass seine Kutsche in die Geschichte eingehen sollte. Gottlieb Daimler baute sie zu einer Motorkutsche um und machte sie damit zum ersten vierrädrigen Automobil der Welt. Mit seinen noblen Kutschen war *Wilhelm Wimpff & Söhne* sogar königlicher Hoflieferant für Wilhelm I. und lieferte auch an die *Luftschiffbau Zeppelin GmbH* und an Robert Bosch. Die letzte Kutsche verließ in den 1950er-Jahren das Bohnenviertel.

BOLLWERK

Der Name des Kinos *Atelier am Bollwerk* ist den meisten Stuttgartern ein Begriff. Doch woher stammt diese Bezeichnung? Als das alte Stuttgart sich langsam ausbreitete, entstand die sogenannte *Reiche Vorstadt* – das heutige Hospitalviertel. In Richtung des Berliner Platzes gab es nur wenige Ansiedlungen. Diesen Bereich mit einer Stadtmauer zu sichern, wäre zu kostspielig gewesen, und so errichtete man zum Schutz der Bewohner an dieser Stelle lediglich einen mit Erde aufgeschütteten Schutzwall – ein sogenanntes Bollwerk.

BOPSERSTRASSE

Die Bopserstraße und der Bopserweg folgen dem Verlauf des ältesten Wegs durch den Stuttgarter Talkessel. Vor über 2.500 Jahren hatten die Kelten diese Verbindung zwischen Hohenasperg und Hohenneuffen angelegt. Durch Stuttgart führte der Weg von Feuerbach kommend den Killesberg hinunter in den sumpfigen Talkessel und über den Bopserberg wieder hinauf auf die Filderebene. Auch die Römer nutzten diese Route später. Aus diesem Grund fand man fast 2.000 Jahre später Überreste eines römischen Gutshofs am Fuße des Bopsers.

BREUNINGER

VON LONDON UND PARIS

Vieles ist aus Stuttgart einfach nicht mehr wegzudenken, so auch eines der größten Kaufhäuser Deutschlands. Dessen Stammhaus wurde im Jahr 1881 von Eduard Breuninger am Marktplatz in Stuttgart eröffnet und hat seither so einige Rekorde aufgestellt. In den 1950er-Jahren bot **Breuninger** seinen Kunden als erstes Kaufhaus in der Bundesrepublik Rolltreppen und Aufzüge sowie – ebenfalls eine Innovation – ein eigenes Kundenparkhaus. 1959 führte es als erstes deutsches Handelsunternehmen eine Kundenkarte ein und damit das bargeldlose Bezahlen. Um sich von anderen Kaufhäusern abheben zu können, ging das Unternehmen seit Anfang des neuen Jahrhunderts den Luxusweg. Dank zahlreicher internationaler Auszeichnungen wird Breuninger seither in einem Atemzug mit den Großen in Europa, wie *Harrods* in London oder den *Galeries Lafayette* in Paris, genannt. Nach *Harrods* ist Breuninger zudem das zweitgrößte Kaufhaus Europas, das sich in Privatbesitz befindet.

BREUNINGER-BAD

Bei Bauarbeiten am Kaufhaus Breuninger stieß man Anfang der 1970er-Jahre auf eine Mineralwasserquelle direkt am Marktplatz. Daher richtete man im Dachgeschoss des Kaufhauses das Breuninger-Bad ein. Zum Angebot des Bads gehörten auch eine Sauna, ein Fitnessbereich und eine Sonnenterrasse. Das Mineralbad wurde jedoch wegen stark rückläufiger Besucherzahlen bereits 1988 wieder geschlossen und zunächst durch einen Fitnessklub ersetzt. Mittlerweile befindet sich an seiner Stelle das Kaufhaus-Restaurant. Die Mineralwasserquelle speist auch heute noch den Marktbrunnen nahe dem Kaufhaus.

IN DER CITY

BREZELKÖRBLE

VON KÖRBLE UND KULT

Die kultigen **Brezelkörble** auf der Königstraße gehören zum typischen Stadtbild der Landeshauptstadt. Seit rund 40 Jahren gibt es die „Brezel to go" mitten auf der Einkaufsstraße. Zunächst waren es einfache Wagen, aus denen Vorbeieilende mit frischen Brezeln versorgt wurden. Später stellte man für den Verkauf des schwäbischen Nationalgebäcks richtige kleine Hütten auf. In diesen vier Holzhütten wurden die Brezeln direkt aus dem Korb heraus veräußert. Daher bürgerte sich schnell der Name Brezelkörble ein. Seit 2001 betreibt die Cannstatter Bäckerei Brezel-Frank die Kult-Körble. Viermal am Tag, sechs Tage die Woche werden die kleinen Hütten mit frischer Ware beliefert. Seit der Übernahme durch Bäcker Frank gibt es eine Warenauslage an den Hütten. Seither ist dort auch anderes Laugengebäck erhältlich. Die Königstraße hat in den letzten Jahrzehnten häufig ihr Aussehen verändert. Doch auch die letzte Entrümpelung der Einkaufsmeile haben die Brezelkörble überstanden. Die Stadt weiß um die Beliebtheit der Hütten und dass sie zu Stuttgart gehören wie die Spätzle zu Linsen. Außer den Brezelkörble hat noch eine weitere Kulthütte auf der Königstraße verbleiben dürfen: Am Crêpes-Stand beim Treppenabgang zur Klett-Passage stehen die Stuttgarter bereits seit 1980 immer wieder gerne Schlange.

IN DER CITY

CITY-RING

VON RING UND ERWEITERUNG

Über Jahrhunderte gewachsen, war in Stuttgart nie eine Ringstraße um die Kernstadt herum geplant. Erst die NS-Regierung wollte Platz für eine solch breite und repräsentative Straße schaffen. Der Verkehr sollte zukünftig vom Hauptbahnhof aus durch die Lautenschlagerstraße und weiter durch die Rote Straße – heute Theodor-Heuss-Straße – rollen. Schließlich hatte man die Vorstellung, dass der Verkehr in die Sophienstraße in Richtung Süden abbiegen könnte. Hierfür hätten jedoch viele Gebäude weichen müssen. Dazu kam es jedoch nie. Wirklich abgerissen wurde eine ganze Häuserzeile an der Holzstraße am Charlottenplatz. Denn vor dem Zweiten Weltkrieg befand sich zwischen Bohnenviertel und dem Kaufhaus Breuninger ein ganzes Altstadtviertel, welches der Ringstraße im Weg war. Nach dem Zweiten Weltkrieg setzte man den **City-Ring** schließlich doch noch um. Jedoch wurden statt der Sophienstraße nun die Paulinenstraße und anstelle der Lautenschlagerstraße die Friedrichstraße Teil des Rings. Jahrzehntelang führte dieser zudem durch die Schillerstraße und vorbei am Hauptbahnhof. Durch die Innenstadterweiterung um das Europaviertel wurde auch eine Erweiterung des City-Rings zum Neckartor (B 14) im Osten und von dort über die Wolframstraße hinauf zur Heilbronner Straße (B 27) im Norden nötig.

DELPHI-KINO

Das erste Filmtheater Stuttgarts wurde 1912 eröffnet und existiert noch heute. Als *Union-Theater* wurde es an der Tübinger Straße eingeweiht. Heute trägt das älteste Kino der Stadt den Namen *Delphi*. Als Arthaus-Filmtheater zeigt es vor allem Dokumentationen und Filme deutscher und europäischer Regisseure.

DISKOTHEKEN

Die beiden ältesten Diskotheken Stuttgarts eröffneten im selben Jahr. Die **boa** an der Tübinger Straße und der *Kings Club* (KC) in der Gymnasiumstraße laden beide seit 1977 zum Tanzen ein. Den *Kings Club* gab es inoffiziell jedoch bereits ein Jahr zuvor. Er wurde damals noch ohne Genehmigung betrieben. Diese Diskotheken sind somit die Dinosaurier unter den Stuttgarter Klubs.

DOROTHEENPLATZ

Wo man heute die Markthalle vorfindet, befand sich bis zur Mitte des 19. Jahrhunderts ein großer Platz. Dieser sogenannte Bärenplatz – benannt nach einem gleichnamigen Gasthaus – wurde 1811 in Dorotheenplatz umbenannt. Der Platz verschwand weitere 50 Jahre später, als er von der Gemüsehalle – dem Vorgänger der Markthalle – überbaut wurde. Seit 2017 gibt es nun wieder einen Dorotheenplatz. Dieser befindet sich nun jedoch 100 Meter entfernt, an der Ecke Sporer- und Karlstraße. Der kleine Platz konnte mit der Fertigstellung des neuen DorotheenQuartiers eingeweiht werden.

ESSLINGER STEIGE

Wer erleben möchte, auf was für holprigen Wegen man sich früher aus der Stadt hinausbewegte, kann dies auf der alten Esslinger Steige tun. Die alte Straße führte früher durch das Stadttor beim Bohnenviertel, den Hügel hinauf und über Gaisburg wieder hinunter bis zum Neckar. Die alte Esslinger Steige gibt es in ihrer ursprünglichen Form zwar nicht mehr, doch blieb ein steiler, gepflasterter Abschnitt erhalten. Er gehört heute zur Gaisburgstraße und verläuft – recht versteckt – zwischen Olga- und Alexanderstraße.

IN DER CITY

EUGENSPLATZ

VON GOLD UND MOPS

Ein goldener **Mops** sorgte in Stuttgart für Aufregung. Ende 2013 wurde am Eugensplatz eine ionische Säule aus Auerkalk zum Gedenken an den großen Humoristen Loriot aufgestellt, der hier als junger Mann wohnhaft war. Einige Monate später saß wie selbstverständlich eine goldene Figur in Form eines Mopses – Loriots Lieblingstier – auf dem Kapitell der Säule. Keiner wunderte sich über den kleinen Hund, wurde er doch als Teil des Denkmals verstanden. Eines Tages war der Mops jedoch verschwunden. Ein besorgter Anwohner verständigte daraufhin die Polizei. Der Schöpfer des Denkmals – Bildhauer Uli Gsell – versicherte jedoch, dass ein Mops nie Teil seiner Säule war.

Durch Aufrufe zur Mopssuche in den lokalen Zeitungen meldeten sich schließlich die „Herrchen" des goldenen Mopses. Die Blogger der Internetseite *Kessel.TV* hatten den kleinen steinernen Hund auf der Säule platziert, um einen typischen Loriot-Bezug herzustellen. Wer den goldenen Hund jedoch „gemopst" hatte, ist bis heute nicht bekannt. Der Medienrummel führte schließlich dazu, dass der Schöpfer seine Säule ein halbes Jahr später um eine fest installierte bronzene Mops-Dame erweiterte. Sogar ein Namenswettbewerb wurde in der Zeitung ausgeschrieben. Doch statt wunderlicher Wortschöpfungen erhielt die Hundedame den schlichten Namen Möpsle.

EUGENSTAFFEL

Die Eugenstaffel führt hinauf zum Eugensplatz. Das erscheint naheliegend. Jedoch sind Staffel und Platz nicht nach demselben Eugen benannt. Der Eugensplatz trägt seinen Namen zu Ehren von Herzog Eugen von Württemberg, einem Neffen von König Friedrich. Die Eugenstaffel – offiziell heißt sie Eugenstraße – wurde erst später nach dem Enkel des eben erwähnten Eugen benannt: Herzog Wilhelm Eugen. Dieser heiratete später Großfürstin Wera, die Adoptivtochter von Königin Olga. Er starb mit nur 30 Jahren bei einem Duell. Dies sollte jedoch geheim gehalten werden, da Duelle verboten waren. So wurde ein Reitunfall als offizielle Todesursache angegeben.

IN DER CITY

EUROPAVIERTEL

VON EUROPA UND INNENSTADT

Das jüngste Innenstadtviertel Stuttgarts befindet sich noch immer in der Entstehungsphase. An seiner Stelle befand sich ab den 1920er-Jahren der zentrale Güterbahnhof als Teil des Stuttgarter Hauptbahnhofs. Als der Güterbahnhof in den 1980er-Jahren schließlich aufgegeben wurde, lag das große Areal rund zwei Jahrzehnte lang brach. Erst 2004 wurden die ersten Baufelder, des nun als **Europaviertel** bezeichneten Areals, unter anderem mit einem Hochhaus bebaut. 2007 wurde das Europaviertel schließlich zu einem eigenen Stadtteil im Bezirk Mitte ernannt. Nach der Tieferlegung des Hauptbahnhofs und der Beseitigung der oberirdischen Bahngleise soll der Stadtteil in Richtung Schlossgarten weiter wachsen. Bereits seit 1998 – und damit Jahre vor dem ersten Spatenstich – existieren die zukünftigen Straßennamen auf dem Papier. Der Pariser Platz erhielt als Erstes ein Straßenschild. 15 Jahre nach der Namensgebung wurden schließlich auch die Londoner Straße und der Mailänder Platz bei der Erbauung des Einkaufszentrums *Milaneo* angelegt. Der Barcelonaplatz, der Brüsseler Platz und die Amsterdamer Straße auf dem angrenzenden Areal der Bahn können jedoch erst nach dem Verschwinden der Gleisanlagen realisiert werden. Noch vor seiner Fertigstellung verschwand der geplante Name Straßburger Platz wieder aus dem Stadtplan. Das zukünftige Dach des Tiefbahnhofs sollte diesen Namen tragen. Statt die Partnerstadt von Stuttgart zu ehren, wird mit der Neubenennung des Platzes nun des ehemaligen Oberbürgermeisters Manfred Rommel gedacht.

FERDINAND-LEITNER-STEG

Der Ferdinand-Leitner-Steg, der den Oberen mit dem Mittleren Schlossgarten verbindet, war 36 Jahre lang namenlos. Erst 1997 wurde er nach dem ehemaligen Operndirektor der Württembergischen Staatstheater benannt. Der 100 Meter lange Steg wurde bereits 1961 zur Bundesgartenschau eingeweiht und ist zum größten Teil eine Stahlkonstruktion. Er ist nach dem Fernsehturm das zweite bedeutende Werk des Bauingenieurs Fritz Leonhardt in Stuttgart. Seit 2015 steht der Steg zudem unter Denkmalschutz. Bis zur offiziellen Namensgebung war der Hängesteg bei den Bürgern als *Schillersteg* bekannt.

IN DER CITY

FISCHMARKT

VON HAMBURG UND PHÖNIX

Stuttgarter und Hamburger verband jahrzehntelang eine besondere Freundschaft. 1986 wurde das *Stuttgarter Weindorf* zum ersten Mal außerhalb der baden-württembergischen Landeshauptstadt in Hamburg veranstaltet. *Zwei Jahre* später exportierte die Hansestadt ihren **Fischmarkt** nach Stuttgart. Damit sich das schwäbische Gastspiel im hohen Norden auch finanziell lohnte, fand jedes Jahr im Juni eine kleinere, dafür aber fünf Tage längere Version des Weindorfs statt. Seit 1996 nennen die Hamburger sogar 75 Rebstöcke der Sorten *Regent* und *Phönix* ihr Eigen. Sie waren ein Geschenk der Wirte des Weindorfs an ihre norddeutschen Freunde. Angebaut wird der Wein auf einer 500 Quadratmeter großen Fläche an einem Hügel oberhalb der St. Pauli Landungsbrücken am Hafen. Die Trauben werden im September geerntet und dann zu Winzern in Stuttgart-Uhlbach geschickt. Dort keltert man aus ihnen einen einmaligen Wein, um ihn anschließend wieder zurück nach Hamburg zu schicken. Da die Platzmieten in der Hansestadt in den letzten Jahren enorm gestiegen sind, fand 2015 das letzte Gastspiel der Schwaben statt. In Stuttgart wird der traditionelle Besuch der Hamburger hingegen sehr geschätzt, und so bleibt der jährlich stattfindende Fischmarkt auf dem Karlsplatz auch weiterhin erhalten.

IN DER CITY

FLOHMARKT

VON KREMPEL UND WAAGE

Ein Vorgänger des wöchentlichen Flohmarkts auf dem Karlsplatz war der *Krempelsmarkt*, der bis 1910 noch auf dem Leonhardsplatz im gleichnamigen Viertel angesiedelt war. Die bekannteste Händlerin war dort die sogenannte *Wagnere*, denn die Waage – der sie ihren Spitznamen verdankt – bestimmte für ihre Waren den Preis. So verkaufte sie auch Bücher nach Gewicht. Nur die Klassiker hatten einen Festpreis. Diese bezeichnete sie durchweg als *„Schiller"*. Seit 30 Jahren findet der **Flohmarkt** nun jeden Samstag auf dem Karlsplatz statt. Vor 1983 verkauften die Händler ihre Waren für einige Jahre auf dem Kleinen Schloßplatz. In den 1990er-Jahren erlebte der Flohmarkt seine Blütezeit. Sammler, Künstler und Paradiesvögel waren damals die Stammgäste. Über den Karlsplatz bummelte auch der Modedesigner Harald Glööckler, der hier bei Antiquitätenhändlern nach Möbeln Ausschau hielt. Zweimal im Jahr gibt es zudem die großen Flohmärkte in der City, auf denen jeder seine *„Dachbodenschätze"* zum Verkauf anbieten kann. Der Frühlings- und der Herbstflohmarkt finden dann auf dem Karlsplatz, dem Marktplatz, dem Schillerplatz und den Verbindungsstraßen statt. Seit einigen Jahren können Bewohner des Talkessels zudem, im Rahmen der *Hofflohmärkte*, ihre ausgemusterten Schätze quasi direkt vor der Haustür feilbieten.

IN DER CITY

HAUPTBAHNHOFSTURM

VON STERN UND STAHL

Einen **Bahnhofsturm** ohne Mercedes-Stern kann man sich kaum mehr vorstellen. Doch Paul Bonatz, der Architekt des Bahnhofs, war dagegen, als man 1952 beschloss, dem Turm das Markenzeichen von Daimler-Benz aufzusetzen. Dies wurde auch nur genehmigt, weil der Autobauer im Gegenzug die Renovierung des maroden Turmes finanzieren sollte. Der Bahnhofsturm hatte die Bombardements im Krieg zwar besser überstanden als der Rest des Gebäudes, doch auch er blieb nicht gänzlich unbeschädigt. Anfang der 1950er-Jahre erreichte daher ein Stern aus Stahl und Plexiglas per Pferdewagen den Hauptbahnhof. Genau 20 Jahre später bekam das rund fünf Meter hohe Daimler-Markenzeichen eine Beleuchtung verpasst. Der rotierende Stern wird alle fünf Jahre gewartet, dazu kann man ihn flach zur Seite kippen. Von der Königstraße ist er dann nicht mehr zu sehen, und so präsentiert sich der Turm für einige Tage, wie er einst geplant war. Die drei Zacken des Mercedes-Sterns stehen seit Jahrzehnten für die Einsatzgebiete der Daimler-Motoren: zu Land, zu Wasser und in der Luft.

IN DER CITY

HAUPTBAHNHOF

VON ACHSEN UND BAHNHOF

Bereits bei der Planung des aktuellen **Hauptbahnhofs** Anfang des 20. Jahrhunderts gab es die Überlegung, statt eines Kopfbahnhofs einen Durchgangsbahnhof zu erbauen. Ähnlich wie beim derzeit stattfindenden Umbau des Bahnhofs wären auch bei dieser Variante die Züge von Feuerbach kommend im Tunnel unter dem Kriegsberg hindurch in den Talkessel geführt worden. Das Bahnhofsgebäude und die Bahnsteige hätten dabei jedoch, anders als heute, quer zur Schillerstraße und zum Schlossgarten positioniert werden müssen. Nur durch das Querstellen des Bahnhof wäre es möglich gewesen, die Züge in einem weite Bogen entlang des Schlossgartens wieder aus der Talkessel hinauszuführen. Der Bahnhof samt Vor platz hätte somit keinerlei Rücksicht auf die bereit bestehenden Achsen der Stadt genommen. Da ma seinerzeit ohnehin der Meinung war, durch Stutt gart fahre man nicht durch, dort komme man an entschied sich König Wilhelm II. letztlich für eine Kopfbahnhof.

IN DER CITY

HAUS DER GESCHICHTE

VON JAHREN UND MODERNE

Wie aus einem Guss erscheinen die Bauwerke im Stil der Postmoderne an der Kulturmeile. Das stimmt jedoch nur zum Teil, denn zwischen der Neuen Staatsgalerie von James Stirling und dem jüngsten Gebäude des Ensembles – dem **Haus der Geschichte Baden-Württemberg** – liegen fast 20 Jahre. Schon in den 1970er-Jahren plante der Stararchitekt, gemeinsam mit seinem Partner Michael Wilford, einen riesigen Kulturkomplex an der Konrad-Adenauer-Straße. Zunächst entstand in den 1980er-Jahren der Galerieneubau und über zehn Jahre später die Musikhochschule mit ihrem markanten Turm. Bereits in den ersten Entwürfen für den gesamten Komplex war ein weiteres Gebäude im selben Baustil vor der Hochschule geplant. Dieser letzte Bauabschnitt – der der Geschichte des Landes eine Heimat bieten sollte – wurde jedoch erst 2002 zu Ende gebracht. James Stirling war bereits verstorben, als sein Partner Wilford das Haus der Geschichte in Angriff nehmen konnte. Dieser musste zunächst die alten Pläne dem neuen, modernen Zeitgeschmack anpassen. Aber auch am Baustil der Neuen Staatsgalerie orientierte man sich in der Farbgebung und bei den verwendeten Materialien. Die 20-jährige Baugeschichte des Komplexes ist ihm somit auf den ersten Blick kaum anzusehen.

IN DER CITY

HAUS DER WIRTSCHAFT

VON MUSEUM UND MESSE

Seine drei markanten Kuppeln sind weithin sichtbar in der Stuttgarter Innenstadt. Das wuchtige Gebäude mit der neobarocken Fassade wurde in den 1890er-Jahren als *Landesgewerbemuseum* eingeweiht. König Karl eröffnete das Museum persönlich, in dem die zentrale Halle auch seinen Namen tragen sollte. Über zwei Etagen erstreckte sich eine Ausstellung, die unter anderem Uhren, Möbel, alte Instrumente, Keramik- und Edelmetallarbeiten zeigte. Besondere Erfindungen aus dem Königreich Württemberg wurden hier ebenso präsentiert wie ausländische Errungenschaften. Diese sollten der heimischen Wirtschaft als Anregung dienen. Nach dem Ende der Monarchie wurde das Museum Sitz des Landesgewerbeamtes. Rund 100 Jahre nach seiner Einweihung bekam das ehemalige Landesgewerbemuseum seinen heute bekannten Namen: **Haus der Wirtschaft**. Der Förderung des Gewerbes zu dienen ist ungebrochen die Aufgabe des Bauwerks. Neben dem *Landesministerium für Finanzen und Wirtschaft* und dem *Regierungspräsidium* sind dort viele Stiftungen zur Wirtschaftsförderung ansässig. Das Haus der Wirtschaft dient zudem als Veranstaltungsort für Ausstellungen, Tagungen und Messen. Die jährlich stattfindenden *Stuttgarter Buchwochen* gehören wohl zur bekanntesten Veranstaltung im historischen Bauwerk.

IN DER CITY

HOF-APOTHEKE

VON HOF UND ARZNEI

Die **Hof-Apotheke** am Schillerplatz wurde vor über 600 Jahren gegründet. Ihr Ursprung geht auf eine Arzneikammer im benachbarten Alten Schloss zurück, die bereits Anfang des 15. Jahrhunderts existierte. Die Heilmittel waren damals jedoch dem Adel und dem Hofstaat vorbehalten. Erst 1551 ließ Anna Maria von Brandenburg – die Gattin Herzog Christophs – die private Arzneikammer in eine Hof-Apotheke umwandeln. Durch die gegründete Stiftung der Herzogin sollten fortan auch Arme, Kranke, Notleidende und das Waisenhaus am Karlsplatz durch die Schlossapotheke mit Medikamenten versorgt werden. Ende des 18. Jahrhunderts nahm die Hohe Karlsschule hinter dem Neuen Schloss kurzzeitig die Apotheke auf, bis den Pharmazeuten schließlich die Räume der Kapelle im Alten Schloss überlassen wurden. Erst 1865 ließ König Wilhelm I. die Hof-Apotheke an ihren heutigen Standort in der *Alten Kanzlei* am Schillerplatz verlegen. Selbst nach den schweren Zerstörungen im Zweiten Weltkrieg eröffnete die Hof-Apotheke erneut ihre Verkaufsräume in den Ruinen des Kanzleigebäudes. Berücksichtigt man ihre Vorgeschichte als private Arzneikammer, so ist die Hof-Apotheke nicht nur die älteste Apotheke der Stadt und eine der ältesten Deutschlands, sondern auch das älteste, noch existierende Geschäft Stuttgarts.

IN DER CITY

HOSPITALKIRCHE

VON KLOSTER UND SPITAL

Stuttgart bekam erst sehr spät ein eigenes Kloster. So spät, dass es nur 63 Jahre existieren sollte. 1473 wurde vor den Toren der Kernstadt – im heutigen Hospitalviertel – eine Kirche erbaut. Trotz seiner Schlichtheit dauerte es rund 20 Jahre, bis der Kirchenbau vollendet war. Lange Zeit hatte das Gotteshaus nicht einmal einen Turm. Dem Kirchenbau schloss sich entlang eines Kreuzgangs ein Dominikanerkloster an. Die Mönche waren aus dem Nürnberger Kloster angereist, unter dessen Leitung das Stuttgarter Haus stand. Durch die Reformation in Württemberg wurde das Kloster jedoch 1536 bereits wieder aufgelöst. Die Gebäude wurden kurzerhand umgebaut und nahmen fortan das städtische Spital auf, das auf der Suche nach einem größeren Standort war. Die Kirche sollte aufgrund dessen nun den Namen **Hospitalkirche** tragen. Mitte des 18. Jahrhunderts bekam sie dann auch endlich einen Glockenturm. Bei den Bombardements im Zweiten Weltkrieg wurden die letzten Gebäude des alten Klosters und des späteren Spitals komplett zerstört. Von der Hospitalkirche blieben nur der Chor, der Turmstumpf und die Südmauer erhalten. Das Kirchenschiff wurde anschließend um fast zwei Drittel kleiner wieder aufgebaut. Die Südmauer steht heute daher zum größten Teil frei und bildet so ein Mahnmal gegen den Krieg.

IN DER CITY

HOSPITALVIERTEL

VON RITTERN UND VORSTÄDTEN

Eines der bekanntesten Stadtviertel der Stuttgarter City war einmal eine Spielwiese für Ritter. Bis Anfang des 19. Jahrhunderts – als Württemberg zum Königreich aufstieg – war die Residenzstadt in drei Stadtteile gegliedert. Der älteste Teil war die *Innere Stadt*, rund um den Schiller- und Marktplatz. Es folgte die sogenannte *Esslinger-* beziehungsweise *Leonhardsvorstadt* – das heutige Bohnen- und Leonhardsviertel –, die ab Ende des 14. Jahrhunderts als erste Stadterweiterung angelegt wurde. Der dritte und flächengrößte Stadtteil entstand schließlich nördlich der Inneren Stadt – in etwa zwischen Kronprinz- und Schloßstraße. Hier befand sich zunächst ein großes freies Gelände, das ab Mitte des 15. Jahrhunderts als Turnierplatz für Ritterspiele genutzt wurde. Einige Jahrzehnte später begann man auch mit der Besiedlung dieses Areals, da in den ersten beiden Stadtteilen bereits großer Platzmangel herrschte. Diese neu geplante *Turnieracker-Vorstadt* zog wegen ihrer breiten Straßen und ihrer großzügigen Plätze vor allem wohlhabendere Bürger an. Im Stadtteil lebten Ende des 17. Jahrhunderts bereits so viele wohlhabende Hofbedienstete, Beamte und Kaufleute, dass man ihm den Namen *Reiche Vorstadt* gab. Im Zweiten Weltkrieg gingen hier nahezu alle Altbauten und ein Großteil der historischen Straßenstrukturen verloren. Lediglich im heute als **Hospitalviertel** bekannten Stadtteil ist diese historische Struktur noch erkennbar.

HOTEL SILBER

1903 wurde im Stuttgarter Hotel Silber die *Deutsche Motorradfahrer-Vereinigung (DMV)* gegründet. Zu ihren Mitgliedern gehörte auch Prinz Heinrich, der Bruder Kaiser Wilhelms II. Schon zwei Jahre später wurde der Hauptsitz der *DMV* jedoch nach München verlegt, wo sie 1911 in den *ADAC* umgewandelt wurde.

IN DER CITY

JUSTIZVIERTEL

VON FALLBEIL UND GERICHT

Im Stuttgarter **Justizviertel** teilen sich gleich mehrere Gerichte einen großen Gebäudekomplex. An der Urbanstraße – direkt gegenüber der Landesbibliothek – befindet sich ein siebenstöckiger Langbau. Hier ist das Landgericht Stuttgart untergebracht, dem elf Amtsgerichte untergeordnet sind. Schon seit den 1870er-Jahren befand sich das Gericht an dieser Stelle. Im Innenhof des Vorgängerbaus wurden zur Zeit der Nationalsozialisten 450 Menschen durch das Fallbeil hingerichtet. Im Bombenhagel des Zweiten Weltkriegs wurde das alte Gerichtsgebäude komplett zerstört. Das heutige Gebäude entstand in den 1950er-Jahren. Auch das benachbarte Hochhaus stammt aus dieser Zeit. Dort ist seither das Oberlandesgericht Stuttgart untergebracht, welches bis zu seiner Zerstörung ebenfalls im Altbau beheimatet war. Sein Ursprung geht auf das Württembergische Hofgericht zurück, das 1460 erstmals urkundlich erwähnt wurde. Über dem OLG steht nur der Bundesgerichtshof. Dem Oberlandesgericht Stuttgart sind wiederum acht Landgerichte untergeordnet. In den 1980er-Jahren wurde das OLG um einen großen, grünen Neubau an der Olgastraße erweitert. Dieser Bau ist seither eine Gerichts-WG. Denn hier haben zudem der Baden-Württembergische Staatsgerichtshof sowie der Anwaltsgerichtshof und der Dienstgerichtshof ihren Sitz.

IN DER CITY
KLEINER SCHLOSSPLATZ

VON DECKEL UND WÜRFEL

Der **Kleine Schloßplatz** hat in seiner noch recht jungen Geschichte schon häufig sein Gesicht geändert. An seiner Stelle stand bis 1963 die Ruine des im Krieg zerstörten Kronprinzenpalais. Als Stuttgart zur *autogerechten Stadt* umgebaut wurde, musste dieses weichen, um als Einfahrt in ein unterirdisches Straßennetz zu dienen. Bis 1969 war das Tunnelportal fertiggestellt. Über die Planie fuhr man direkt in den Untergrund. Um den Höhenunterschied zwischen der Königstraße und der Theodor-Heuss-Straße zu überwinden, wurde die Tunneleinfahrt überdeckelt. Auf diesem Betondeckel – der den Namen Kleiner Schloßplatz erhalten sollte – siedelten sich Läden und Gastronomie an. Nachdem die Einfahrt in den *Planie-Tunnel* weiter in Richtung Charlottenplatz vorverlegt wurde, verlor das Portal seine Funktion. 1993 wurde daher eine große Freitreppe von der Königstraße bis hinauf zum *Kleinen Schloßplatz* errichtet, die als Ruhezone im Shoppingtrubel schnell sehr beliebt wurde. Als der kleine Platz 2002 komplett abgerissen wurde, um für den neuen Würfel des *Kunstmuseums* Platz zu schaffen, war ein Ersatz für die beliebte Treppe fest eingeplant. Wer heute über den Verkehrsknoten *Echterdinger Ei* (A 8/B 27) fährt, der rollt teilweise auch über den alten *Kleinen Schloßplatz*. Hier wurden nämlich nach dessen Abriss Teile des Gesteins im Straßenbau verwendet.

IN DER CITY
KÖNIG VON ENGLAND

VON ENGLAND UND KAFFEEHAUS

Das einzige Gebäude am Schillerplatz, das nach dem Zweiten Weltkrieg nicht wieder aufgebaut wurde, war das Gasthaus **König von England**. 1712 eröffnete in einem einfachen Fachwerkgebäude das erste Kaffeehaus der Stadt. Stuttgart war damit die fünfte Stadt Deutschlands mit einem Kaffeehaus. 1798 wurde das Gebäude zu einem prächtigen Gasthaus aus- und umgebaut. Über ein halbes Jahrhundert war das Haus *König von England* das vornehmste Hotel der Stadt. Nach dem Zweiten Weltkrieg errichtete man an selber Stelle einen Büroneubau, der sich dezent der Umgebung anpassen sollte. Auch dieses Gebäude, das 1958 eingeweiht wurde, trägt seither den Namen *König von England*. Kaffeehäuser eröffneten und verschwanden seit dem 18. Jahrhundert zahlreiche in Stuttgart. Die ältesten noch existierenden Cafés der Stadt sind das 1902 eröffnete *Cafe Nast* in der Esslinger Straße im Bohnenviertel und das 1922 eingeweihte *Café Königsbau* direkt am Schloßplatz.

IN DER CITY

KÖNIGIN-OLGA-BAU

VON ARKADE UND CAFÉ

Jünger, als man vermuten könnte, ist der **Königin-Olga-Bau** direkt am Schloßplatz. Im Auftrag der Herzogin Wera wurde bis 1895 ein Geschäftshaus im neobarocken Stil erbaut. Dieses benannte sie nach ihrer kurz zuvor verstorbenen Adoptivmutter und Tante Königin Olga. Es war ein prächtiges Bauwerk, das mit seiner prunkvollen Innenausstattung neben Läden und Klubräumen auch ein elegantes Café beherbergte. Im Zweiten Weltkrieg wurde der Olga-Bau schwer beschädigt, und die ausgebrannten Überreste mussten schließlich abgerissen werden. Bereits 1951 sollte jedoch an selber Stelle unter altem Namen ein Neubau eingeweiht werden. Mit einem Arkadengang an der Königstraße, Ornamenten an der Fassade, Rundbögen und Kupferdach war der wuchtige Neubau allerdings nicht unbedingt als solcher zu erkennen. Der Olga-Bau griff teilweise sogar Bauformen des süddeutschen Klassizismus auf. Schon bei seiner Einweihung galt er somit als „altmodisch". Die Denkweise in den 1950er-Jahren war eine gänzlich andere. Neu und modern sollte der Wiederaufbau sein. Die Geschichte wollte man hinter sich lassen. Daher wurde der gewählte Baustil von vielen Architekten als ungeeignet empfunden. Aus heutiger Sicht gilt die Neubaulösung – unaufdringlich und von schlichter Eleganz – an einem der schönsten Plätze Deutschlands jedoch als sehr gelungen.

KÖNIGSTOR

Das letzte frei stehende Stadttor Stuttgarts – das Königstor am unteren Ende der Königstraße – wurde 1922 abgebrochen. Es war bei der Straßenbahnanbindung an den neuen Hauptbahnhof im Weg. Ein Wiederaufbau an anderer Stelle war zwar vorgesehen, wurde jedoch nie umgesetzt. Einzige Überbleibsel des Tores sind zwei steinerne Rüstungen, die sich im städtischen Lapidarium befinden, und das württembergische Wappen, das noch heute über dem Mittelausgang der Bahnsteighalle des Hauptbahnhofs zu finden ist.

KRIEGSMINISTERIUM

Der Dienstsitz des Kriegsministeriums des Königreichs Württemberg wurde 1914 in der Olgastraße fertiggestellt. In jenem Jahr also, in dem der Erste Weltkrieg ausbrach. Beide Weltkriege überstand das Bauwerk nahezu unversehrt. Heute ein Bürogebäude, ist ihm sein ursprünglicher Zweck noch immer anzusehen. Steinerne Ritterrüstungen über dem Eingangsportal sowie Darstellungen von Speeren, Helmen und Kanonenkugeln an der Fassade erinnern an die Geschichte des Hauses. Vor dem Umzug in die Olgastraße befand sich das Kriegsministerium am Charlottenplatz – an jener Stelle, wo nun ein Hochhaus zu finden ist.

IN DER CITY

KRONPRINZSTRASSE

VON LANDSCHAFT UND EHREN

Die **Kronprinzstraße** trug vor über 200 Jahren noch zwei verschiedene Namen. Im oberen Teil hieß sie *Hoffmännische Gaß*, im unteren Teil *Landschaftsgaß*, da sich hier der Landtag – früher Landschaft genannt – befand. In drei aneinandergereihten Gebäuden befanden sich die Erste Kammer der Standesherren und die Zweite Kammer der Abgeordneten, die in einem prächtigen Halbmondsaal tagte. Anstelle des alten Landtags befindet sich heute der Kronprinzbau. 1795 eröffnete am oberen Ende der Straße das *Gasthaus Kronprinz*, welches zu Ehren des Prinzen Friedrich Wilhelm Karl diesen Namen trug. Als dieser schließlich zum ersten König Württembergs aufstieg, benannte auch der Gastwirt sein Lokal in *König von Württemberg* um. Diese Treue wollte König Friedrich belohnen. In seiner großen Straßennamensreform von 1811 wollte er daher dem ganzen Straßenzug den Namen des bekannten Gasthauses geben. Da der Name „König" jedoch schon für die große parallel verlaufende Prachtstraße reserviert war, griff er auf den alten Namen des Lokals zurück. So hatte Friedrich die Kronprinzstraße zwar offiziell nach einem Gasthof benannt, letzten Endes jedoch auch sich selbst dadurch geehrt.

IN DER CITY

KULTURMEILE

VON BOULEVARD UND KULTUR

Stuttgarts **Kulturmeile** ist bei Weitem keine Erfindung der Neuzeit. Schon bei ihrer Entstehung war die Straße als Heimat kultureller Einrichtungen vorgesehen. Anfang des 19. Jahrhunderts wurde zunächst ein bereits bestehender Weg zwischen Charlottenplatz und Neckartor zu einer breiten Straße ausgebaut. Man gab ihr 1811 den Namen Neckarstraße und plante, sie zu einem der prächtigsten Boulevards der Stadt zu machen. Das erste Gebäude an der Neckarstraße stand schon seit Jahrzehnten hinter dem Neuen Schloss und beherbergte die Hohe Karlsschule. Ihr gegenüber errichtete man nun das königliche Staatsarchiv und die Landesbibliothek. Ende des 19. Jahrhunderts folgte, einige Hundert Meter weiter, der Bau der Staatsgalerie. Als weitere kulturelle Einrichtung sollte auf der gegenüberliegenden Straßenseite zu Beginn des 20. Jahrhunderts das Staatstheater mit Großem und Kleinem Haus hinzukommen. Bis auf die Hohe Karlsschule existieren all diese Einrichtungen noch heute. Kammertheater, Musikhochschule, Haus der Geschichte, ein Galerieneubau und ein Stadtmuseum runden das heutige kulturelle Angebot ab. Den Namen Neckarstraße trägt die Kulturmeile jedoch seit 1967 nicht mehr, als sie zu Ehren des verstorbenen Bundeskanzlers Konrad Adenauer umbenannt wurde.

IN DER CITY

KUNSTGEBÄUDE

VON HIRSCH UND SPIELEN

Lange bevor es den Schloßplatz gab, befanden sich an seiner Stelle die Gärten der Herzöge von Württemberg. Bereits 1593 wurde hier das sogenannte *Neue Lusthaus* eingeweiht. Es war ein prächtiges Bauwerk für alle höfischen Spiele und Feste. Über die Jahrhunderte wurde es mehrmals umgebaut und wandelte sich so zum königlichen Hoftheater. 1902 wurde das alte Gebäude jedoch durch einen Brand vollkommen zerstört. Auf demselben Grundstück sollte schließlich eine ganz neue Kulturstätte entstehen. 1913 wurde das **Kunstgebäude** von Theodor Fischer fertiggestellt und von König Wilhelm II. eingeweiht. Markantestes Merkmal dieses Bauwerks ist die kupfergedeckte Kuppel, die von einem goldenen Hirsch gekrönt wird. Der Kuppelsaal darunter war fortan Heimat des *Württembergischen Kunstvereins*. Im Zweiten Weltkrieg wurde das Gebäude bis auf die grüne Kuppel fast gänzlich zerstört. Paul Bonatz – der Architekt des Hauptbahnhofs und ein Schüler Fischers – war für dessen vereinfachten Wiederaufbau verantwortlich. Ab 1961 nahm das Kunstgebäude zudem die *Galerie der Stadt Stuttgart* auf. Diese zog jedoch aus Platzgründen 2005 in einen eigenen Neubau – in das Kunstmuseum am Kleinen Schloßplatz.

IN DER CITY

KUNSTGEBÄUDE

Stuttgart war für rund vier Tage Sitz der deutschen Reichsregierung. Als 1920 die Regierung der Weimarer Republik wegen eines Militärputschs aus Berlin flüchtete, kam sie schließlich über Dresden nach Stuttgart. Eingetroffen am Montag, den 15. März, tagte der Rat am Donnerstag einmalig im Kunstgebäude am Schloßplatz, um schließlich wieder nach Berlin abzureisen.

IN DER CITY

LANDTAG

VON ÜBERGANG UND NEUBAU

Als 1952 das Land Baden-Württemberg gegründet wurde, tagte die neue Landesregierung noch im Festsaal eines Männerwohnheims im Stuttgarter Heusteigviertel. Dass dies nur eine Übergangslösung sein konnte, war den Politikern klar. Man entschied sich schließlich für den Bau eines neuen Landtagsgebäudes. Einen geeigneten Standort hierfür meinte man auf einer freien Fläche im Oberen Schlossgarten gefunden zu haben, in direkter Nachbarschaft zum Neuen Schloss und zur Oper. An jener Stelle befand sich noch vor 50 Jahren ein Interimstheater, das 1902 in nur sechsmonatiger Bauzeit entstand. Es ersetzte das kurz zuvor abgebrannte Hoftheater am Schloßplatz. Als das neue Hoftheater mit Schauspielhaus und Oper fertiggestellt worden war, wurde das Interimstheater nach zehnjähriger Nutzung wieder abgerissen. Den durch das Land ausgeschriebenen Architekturwettbewerb für den Neubau des **Landtags** gewann zwar Peter von Seidlein, doch entschied man sich letztlich für den Entwurf der Architekten Linde und Viertel. Ihr quadratisches Haus des Landtags, mit der grau-braunen Glasfassade wurde 1961 eingeweiht. Die Rundumverglasung sollte die Transparenz demokratischer Entscheidungsprozesse widerspiegeln. Der Siegerentwurf von Seidlein wurde später zweckentfremdet und als Gebäude für die Universität Tübingen doch noch realisiert. Das mittlerweile denkmalgeschützte Landtagsgebäude wurde bis 2016 umfangreich saniert und im Innern umgebaut. Zudem entstand ein unterirdisches Bürger- und Medienzentrum.

IN DER CITY

LEONHARDSKIRCHE

VON VESPER UND BÄNKEN

Die erste Vesperkirche Deutschlands fand vor über 20 Jahren in der Stuttgarter **Leonhardskirche** statt. Der Pfarrer Martin Friz war der Meinung, dass es in einer wohlhabenden Stadt wie Stuttgart möglich sein müsste, obdachlosen Menschen, Junkies und Prostituierten in der kältesten und trübsten Jahreszeit Hilfe anzubieten. Daher wurde im Januar 1995 die evangelische Leonhardskirche in eine Sozialeinrichtung umgewandelt. Dieses Konzept sollte fortan jährlich für je sieben Wochen wiederholt werden – von Januar bis März. Ein Drittel der Kirchenbänke wird entfernt, um Platz für Tische zu schaffen. An diesen werden mittags warme Mahlzeiten ausgegeben, und als Abendbrot gibt es ein „Vesper" mit auf den Weg. Die Obdachlosen werden in der Leonhardskirche zudem ärztlich und zahnärztlich versorgt. Auch ihre Vierbeiner werden untersucht. Selbst Friseure bieten ihre Dienste an, und ein musikalisches Kulturprogramm rundet das Angebot ab. Auf den verbleibenden Bänken können sich die Besucher schlafen legen. Bis zu 800 Menschen nehmen diese Angebote täglich in Anspruch. Zahlreiche Spender und ein Heer von ehrenamtlichen Helfern machen die Vesperkirche Jahr für Jahr aufs Neue möglich. Das soziale Hilfsprojekt der Stuttgarter Vesperkirche übernahmen nach und nach viele weitere Kirchengemeinden in der gesamten Bundesrepublik.

LEONHARDSKIRCHE

Die Kreuzigungsgruppe hinter dem Chor der Leonhardskirche ist die Kopie einer Kopie. Das Original wurde 1501 auf einem Friedhof vor der Kirche errichtet. Fast 400 Jahre später wurde sie in die Hospitalkirche gebracht. Dort steht das Original auch heute noch. An der Leonhardskirche stellte man eine Kopie auf, die sogar den Zweiten Weltkrieg überstand, jedoch nicht die Umwelteinflüsse. Daher wurde die Kopie 1975 durch eine weitere Kopie ersetzt.

LEONHARDSVIERTEL

Für die ersten beiden Stuttgarter Innenstadterweiterungen ließ man sich von anderen europäischen Städten inspirieren. Bei der *Esslinger- oder Leonhardsvorstadt* genannten Erweiterung – dem heutigen Bohnen- und Leonhardsviertel – nahm man sich im 14. Jahrhundert die Prager Neustadt, mit ihrer Haupt- und Handelsstraße als zentralen Platz, zum Vorbild. Die *Reiche Vorstadt* – heute das Hospitalviertel – entstand ein Jahrhundert später am nördlichen Rand der Innenstadt. Die Straßen wurden dort nach Turiner Vorbild breiter und schachbrettartig angelegt.

IN DER CITY

LIEDERHALLE

VON AKUSTIK UND EMPORE

Die **Liederhalle** ist eine der bedeutendsten deutschen Kulturbauten der Nachkriegszeit. Ihr Name geht auf den Gesangsverein *Stuttgarter Liederkranz* zurück, der auch für den gleichnamigen Vorgängerbau an selber Stelle verantwortlich zeichnete. Die neue Liederhalle wurde bis 1956 nach den Plänen der Architekten Abel und Gutbrod errichtet. Die markante Mosaikfassade aus Quarzit- und Keramikplättchen gestaltete der Bildhauer Blasius Spreng. Im Innern gruppieren sich drei unterschiedlich große Säle um ein gemeinsames Foyer. Neben dem *Silcher-* und dem *Mozart-Saal* ist vor allem der 2.000 Besucher fassende *Beethoven-Saal* eine Besonderheit. Dieser Saalbau hat den Grundriss eines Konzertflügels und ist für seine hervorragende Akustik bekannt. Die vom Parkett aus leicht ansteigende und elegant geschwungene Empore gilt als Markenzeichen dieses Saals. 1991 wurde die Liederhalle um einen Neubau erweitert, der unterirdisch mit dem Altbau verbunden wurde. Der *Hegel-* und der *Schiller-Saal* ergänzen seither das zum Kultur- und Kongresszentrum ernannte Konzerthaus.

IN DER CITY

LINDEN-MUSEUM

VON OZEANIEN
UND DALAI LAMA

Das **Linden-Museum** am Hegelplatz gehört zu den größten Völkerkundemuseen Europas. In seiner langen Geschichte hat sich das Museum international einen Namen gemacht. Hervorgegangen ist das Völkerkundemuseum aus der Sammlung einer württembergischen Kolonialgesellschaft, die die Exponate zunächst in einem *Handelsgeographischen Museum* in einer Gewerbehalle zeigte. Der Verein – gegründet 1882 – hatte sich die Förderung von Erdkunde, Wirtschaft und Kultur zum Ziel gesetzt. Vorsitzender des Vereins war Graf Karl von Linden, der einen Museumsneubau in Auftrag gab, der den wertvollen Ausstellungsstücken würdig war. Der Graf erlebte die Einweihung des Gebäudes am Hegelplatz 1911 jedoch nicht mehr. Bei der Eröffnung des *Linden-Museums* zählte die Sammlung bereits über 63.000 Objekte. Noch heute verbreitet das Völkerkundemuseum Wissen über außereuropäische Kulturen. Die Ausstellungsflächen sind aufgeteilt in die Bereiche Afrika, Latein- und Nordamerika, Orient, Ostasien, Ozeanien, Süd- und Südostasien. Zu den internationalen Highlights des Museums gehören unter anderem der Nachbau eines afghanischen Bazars und ein Sandmandala, welches 1992 von tibetischen Mönchen direkt vor Ort gestreut wurde und das man schließlich mit der Erlaubnis des Dalai Lamas konservieren ließ.

MAHNMAL

Das Mahnmal für die Opfer des Nationalsozialismus auf dem Stauffenbergplatz wurde erst 1970 eingeweiht. Jahrelang wurde über eine geeignete Stelle in der Stadt gestritten. So mancher Politiker hätte ein NS-Mahnmal lieber außerhalb der City gesehen. Ein Ensemble aus vier schwarzen Granitblöcken stellt die Schwere der NS-Zeit dar. Um diese Schwere fühlen zu können, soll der Betrachter sich zwischen die drei Blöcke stellen, wo der vierte Block bedrohlich über dessen Kopf liegt.

IN DER CITY

MARKTBRUNNEN

VON RÖSSLE UND BECKEN

Der **Marktbrunnen** wurde vor über 300 Jahren geschaffen. Dessen großes Becken war zunächst für den Alten Schloßplatz – den heutigen Schillerplatz – vorgesehen und wurde 1714 in Königsbronn gegossen. Da der Brunnen von Herzog Eberhard Ludwig in Auftrag gegeben worden war, zeigen die 16 Eisenplatten am Becken daher Wappen, Kriegs- und Jagdszenen. Rund 50 Jahre später schenkte der Herzog den Brunnen schließlich der Stadt, die ihn dringend auf dem Marktplatz benötigte. Man platzierte ihn links vom Rathaus, das damals noch wesentlich kleiner war. Es vergingen weitere vier Jahrzehnte, bis der Hofbaumeister Nikolaus von Thouret 1804 die markante Säule in der Mitte des Brunnens schuf. Auf ihr ist auch das Stuttgarter Wappentier zu sehen – eine goldene Stute, die sich später zum bekannten aufsteigenden Rössle entwickelte. Als 1901 jedoch mit dem Bau eines neuen und größeren Rathauses begonnen wurde, musste der Brunnen abermals umziehen. Für Jahrzehnte befand er sich nun auf dem Wilhelmsplatz, bis er in den 1970er-Jahren wieder auf den Marktplatz zurückkehren durfte. Am Rande des Marktplatzes steht der Brunnen nun im Schatten einiger Platanen, und aus seinen Leitungen sprudelt unentwegt frisches Mineralwasser.

IN DER CITY

MERKURSÄULE

VON KOSAKEN UND NACKEDEI

Man kennt ihn in Stuttgart, den goldenen Merkur, der sich vor der Alten Kanzlei an der Planie gen Himmel streckt. Die Wassersäule, auf der der Götterbote thront, stammt noch aus dem 16. Jahrhundert und ist Stuttgarts ältester Hochbehälter. Vor dem Gott befand sich auf der Säule ein hölzerner Wassertrog. Durch ihn wurden unter anderem die Brunnen auf dem Schillerplatz mit Wasser versorgt. Ebenso das Kosaken-Brünnele – um 1800 geschaffen –, das sich am Fuß der Säule befindet. Seinen Namen bekam der kleine Brunnen durch die im Krieg gegen Napoleon in Stuttgart einquartierten Kosaken, die dort ihre Pferde tränkten. Mitte des 19. Jahrhunderts hatte der Trog ausgedient und wurde durch die vergoldete Statue des Götterboten ersetzt. Nachdem die Statue über 100 Jahre auf der Säule ruhte, wurde sie in den 1960er-Jahren restauriert. Den Weg zurück hinauf fand der Gott jedoch nicht mehr. Eine Kopie wurde an seiner Stelle auf der Säule platziert. Der neue Aluminium-Merkur war jedoch nicht wetterfest, und so thront seit 1995 eine weitere vergoldete Kopie des Nackedeis auf der **Merkursäule.**

MINIMENT

Bei Micha Ullmans Werk *Abendstern* (1996) könnte man meinen, die Kunst liege darin, es überhaupt zu finden. Das Miniment, wie er es selbst nennt, besteht aus einer halbrunden Fräsung in einer Bodenplatte an der Ecke Stauffenberg- und Bolzstraße – in direkter Nachbarschaft zum Kunstgebäude. Bei Sonnenschein wird das zwei Zentimeter tiefe und vier Zentimeter breite Kunstwerk durch das Schattenspiel zu einer Art Sonnenuhr. Bei Regen soll sich darin der ganze Himmel widerspiegeln. Die Kernaussage des Kunstwerks: Das große Ganze findet sich im Kleinen wieder, und der leere Raum wird plötzlich sinnvoll.

MUSIKPAVILLON

1871 wurde auf dem Schloßplatz der achteckige gusseiserne Musikpavillon aufgestellt. Er diente den *Schloßplatz-Promenaden-Musikern* als Unterstand, die immer sonntags bis zum Ende der Monarchie beim Aufzug der Wachparade spielten. Zur NS-Zeit sollte der Pavillon als „Metallspende" eingeschmolzen werden. Bis 1977 befand er sich zwischen dem Neuen Schloss und der Jubiläumssäule.

IN DER CITY

NEUES SCHLOSS

VON ENTWÜRFEN UND VARIANTEN

Das **Neue Schloss** war nicht unbedingt so geplant, wie wir es heute kennen. Selbst der Standort war zunächst nicht festgelegt. Eine Überlegung des Herzogs Carl Eugen bestand darin, den Neubau am Bollwerk – beim heutigen Hospitalviertel – entstehen zu lassen. Dort befindet sich der höchste Punkt im Stadtzentrum, und so hätte das Schloss über der Altstadt gethront. Diese Variante verwarf man jedoch schnell wieder, und es wurde der Lustgarten vor den Toren der Altstadt zum Bauplatz bestimmt. Sieben Entwürfe legte der Architekt Leopoldo Retti dem Herzog vor. Darunter waren auch Entwürfe, die das Alte Schloss zu einem Teil des Neubaus gemacht hätten. In anderen Plänen war der Ehrenhof des Neuen Schlosses auf das Alte Schloss ausgerichtet. Doch bekanntlich entschied man sich letzten Endes für eine ganz andere Ausrichtung der Seitenflügel. So wie der Schlossbau heute steht, zeigte der Ehrenhof zunächst ins Nichts. Der Bereich um den später entstandenen Königsbau war damals kaum bebaut. Daher gab man gleichzeitig den Startschuss für eine Innenstadterweiterung gegenüber dem Schlossneubau. Dessen Seitenflügel sollten ursprünglich durch eine Galerie – eine Art Arkadengang – bis zur heutigen Königstraße verlängert werden und somit den Schloßplatz einrahmen. Noch während der Bauarbeiten hatte man die Galerien jedoch aus Kostengründen eingespart.

IN DER CITY

NEUES SCHLOSS

VON TOUREN UND RÄUMEN

Ein Wunsch der Stadt ist es seit Langem, das **Neue Schloss** – das im Besitz des Landes ist – zu einem *Bürgerschloss* machen zu können. Abwegig ist diese Vorstellung nicht, wurde das Residenzschloss doch direkt nach dem Ende der Monarchie 1918 ein Museum und war somit allen Bürgern zugänglich. Auf geführten Touren konnten fortan die prunkvollen Räumlichkeiten im Mittelbau und im Stadtflügel an der Planie besichtigt werden. Weitere ehemalige Privaträume von Königin Olga und König Karl wurden zu Ausstellungsflächen für ein Heeresmuseum, die Kunstkammer und die Altertümersammlung umgewandelt. Vor den Bombardements der Stadt 1944 konnte ein großer Teil der mobilen Ausstellungsstücke gerettet werden. Sie wurden später auf andere Museen verteilt. Decken- und Wandmalereien wurden, wie die restliche Innenarchitektur, im Krieg nahezu komplett vernichtet.

IN DER CITY

NEUES SCHLOSS

VON LANDTAG UND RUINE

Das **Neue Schloss** ist heute aus Stuttgart kaum mehr wegzudenken. Als nach den Bombennächten im Zweiten Weltkrieg jedoch nur noch die Außenmauern des Schlosses standen, spielte man im Landtag mit dem Gedanken, das Gebäude ganz abreißen zu lassen. Favoriten bei den Gedankenspielen waren an seiner Stelle die Errichtung eines Einkaufszentrums oder eines Luxushotels mit einem angeschlossenen Kurhaus. An sich selbst dachte die Landesregierung ebenfalls, denn auch das neue Landtagsgebäude direkt am Schloßplatz anzusiedeln, wurde in Erwägung gezogen. Bis man sich Ende der 1950er-Jahre schließlich entscheiden musste, ob die Ruine nun erhaltenswert sei oder nicht, wurde der Ehrenhof des Schlosses als innerstädtischer Parkplatz genutzt. Bei Stimmengleichheit und einer Enthaltung entschloss sich die Landesregierung knapp für den Wiederaufbau des Schlosses, der von 1958 bis 1965 dauerte. Die Fassade wurde größtenteils originalgetreu rekonstruiert. Im Innern wurden lediglich die Räumlichkeiten im Mittelbau – wie das Vestibül, das Treppenhaus und der Marmorsaal – für repräsentative Zwecke rekonstruiert. Außer dem Weißen Saal im Planie-Flügel wurde der gesamte restliche Innenausbau im Stil der 1960er-Jahre ausgeführt.

IN DER CITY

OBERPOSTDIREKTION

VON HOCHHAUS UND GARAGE

Ein Gebäude, das man gleich zweimal wiederaufbauen musste, befindet sich in der Lautenschlagerstraße. Das wuchtige Bauwerk wurde als **Oberpostdirektion** eingeweiht. Im Hochhaustrakt – einem der ersten Stuttgarter Hochhausbauten – waren die Bürokraten untergebracht. Im flachen Bau entlang der Lautenschlagerstraße befand sich die Großgarage der Post. Später nahm die Garagenhalle auch die Briefsortieranlage auf. Man sieht der alten Postdirektion mit ihrem markanten gekreuzten Steinband auf dem Dach die Zeit ihrer Entstehung deutlich an – den Baustil der 1920er-Jahre. Früher wäre an jener Stelle auch gar keine Bebauung möglich gewesen. Dort befand sich bis zur Eröffnung des heutigen Hauptbahnhofs 1928 das Gleisfeld, das sich bis zum alten Bahnhofsbau – dem heutigen Metropol-Kino – an der Bolzstraße zog. Zeitgleich mit dem neuen Bahnhof und der Oberpostdirektion stellte man auf dem ehemaligen Gleisfeld auch den lang gestreckten Hindenburgbau fertig. Das Postgebäude wurde im Zweiten Weltkrieg stark beschädigt und anschließend zügig neu aufgebaut. Zu zügig. Denn bereits Ende der 1970er-Jahre war die Bausubstanz derart marode, dass man das Gebäude fast gänzlich abtragen und ein zweites Mal neu aufbauen musste. 2010 wurde der Altbau abermals grundlegend saniert und einzelne Gebäudeteile – darunter auch das Hochhaus – aufgestockt.

IN DER CITY

PLANETARIUM

VON KUPPEL UND STERNEN

Wie eine Mondbasis aus einem alten Science-Fiction-Film mutet das **Planetarium** am Rande des Mittleren Schlossgartens an. Sein Vorgänger befand sich ab 1928 auf dem Dach des Hindenburgbaus, gegenüber dem Hauptbahnhof. Es war bei seiner Eröffnung eines der ersten Sternentheater der Welt. Nach dessen Zerstörung im Zweiten Weltkrieg sollten über 30 Jahre vergehen bis 1977 das damals modernste Planetarium Europas eröffnete. Der Neubau im Schlossgarten wurde dank einer Spende der Carl-Zeiss-Stiftung in Form von einer Million DM und einem hochmodernen Projektor ermöglicht. Die restlichen Baukosten konnten durch spendable Firmen und Bürger gestemmt werden. 167 Zuschauer fanden fortan im Vorstellungssaal Platz. 20 Meter im Durchmesser und 13 Meter hoch ist die Kuppel, unter der die Sternengucker vor jeder Vorstellung beobachten können, wie der Projektor aus einem zehn Meter tiefen Schacht emporsteigt. Nach Jahren der Ungewissheit über den Fortbestand des Gebäudes wurden die Umzugspläne nach Bad Cannstatt schließlich verworfen. Das Sternentheater wurde daher 2016 grundlegend renoviert und die Projektionstechnik erneuert, um wieder zu den besten Planetarien in Europa gehören zu können.

IN DER CITY

POSTMICHELKREUZ

VON KREUZ UND MORD

Sie stehen oft am Wegesrand, sind unscheinbar, aber geheimnisvoll: die Sühnekreuze. Im Mittelalter wurden Streitigkeiten zwischen verfeindeten Parteien – auch nach Mord und Totschlag – direkt ausgehandelt. Nach Abschluss eines sogenannten Sühnevertrags wurde an der Stelle des Verbrechens ein steinernes Kreuz aufgestellt, das auf die Tat hinweisen sollte. Anders als bei Grenz- oder Peststeinen wurde hier häufig auch die Form der Mordwaffe in den Stein gemeißelt. Die privaten Abmachungen bei solchen Straftaten waren jedoch spätestens im 16. Jahrhundert untersagt. Ein Gericht bestimmte fortan über das Urteil. Das wohl bekannteste Sühnekreuz in Stuttgart ist das **Postmichelkreuz** in der Diemershaldenstraße. Ursprünglich befand es sich jedoch – eingelassen in eine Weinbergmauer – an der Wagenburgstraße. Der Legende nach soll an jener Stelle Ende des 15. Jahrhunderts der Postillion Michel einen wohlhabenden Bürger ermordet haben. Unter Folter gestand dieser die Tat und wurde hingerichtet. Der wahre Mörder gestand den Mord jedoch erst auf dem Sterbebett. Der Postmichel soll daher lange Zeit als reitender Geist umhergespukt sein. Hierbei handelt es sich jedoch um eine frei erfundene Geschichte des Stuttgarter Blattes *Stadt-Glocke*, das die Legende Mitte des 19. Jahrhunderts druckte. Die Sage und der Name Postmichelkreuz haben sich jedoch bis heute hartnäckig gehalten.

IN DER CITY

PRINZENBAU

VON WITWE UND PRINZEN

Am Schillerplatz – einem der schönsten Renaissance-Plätze Deutschlands – ist der **Prinzenbau** trotz seiner schmucken Fassade wohl das unbekannteste Gebäude. Mit dem Bau des lang gestreckten Hauses wurde Anfang des 17. Jahrhunderts begonnen. Zunächst wurde es als Gesandtenhaus für die Gäste des Herzogs geplant. Wenige Jahre nach Baubeginn verstarb jedoch der Auftraggeber, Herzog Friedrich I., und man stellte die Bauarbeiten schon auf Höhe des Erdgeschosses wieder ein. In den folgenden Jahrzehnten gingen die Bauarbeiten nur schleppend voran. Fast 90 Jahre nach der Grundsteinlegung wurde das Gebäude erst fertiggestellt. Über die Jahrhunderte diente das Gästehaus verschiedenen Zwecken.

So wohnten dort nicht nur die Geliebte und die Mutter Herzog Eberhard Ludwigs, auch der Geheime Rat – der einmal das höchste Regierungsorgan Württembergs war – sollte im Gesandtenhaus später seinen Sitz haben. Zudem kam die herzogliche Kunstkammer eine Zeit lang dort unter. Ab 1805 diente das Gebäude am Alten Schloßplatz dann als Wohnsitz der Prinzen, woraus sich die noch heute gebräuchliche Bezeichnung Prinzenbau entwickelte. Als mit dem Ende der Monarchie in Württemberg auch die Kronprinzen abgeschafft worden waren, wurde das alte Gebäude zur Heimat der Bürokraten. Seit den 1920er-Jahren beherbergt der Prinzenbau das Justizministerium.

VON KETTEN UND VOGT

Auf dem Marktplatz wurde nicht nur Handel getrieben, sondern auch Recht gesprochen. Es gab für eine lange Zeit gleich zwei Häuser am Marktplatz zur Verwaltung der Stadt. Das ältere – das sogenannte Herrenhaus – befand sich ab 1450 etwa dort, wo sich heute das Bekleidungsgeschäft Breitling befindet. Hier hatte ein vom Grafen eingesetzter Stadtvogt das Sagen. Im Herrenhaus gab es einen großen Gerichtssaal, in dem auch zahlreiche Todesurteile gesprochen wurden. Viele Verhandlungen fanden zur Abschreckung direkt auf dem Marktplatz statt. Selbst Hinrichtungen gab es dort. So wurden beispielsweise 16 Anführer des „Armen Konrad" – eines Aufstands der Bevölkerung – 1514 auf dem Platz enthauptet. Angrenzend an das Herrenhaus befand sich eine Art Gefängniszelle. Die Verurteilten wurden darin dem Volk zur Schau gestellt oder direkt vor dem Gerichtsgebäude in Ketten gelegt. Neben dem Stadtvogt, dem Richter des Grafen, verlangte es dem Volk nach einem **Rathaus**, das seine Interessen vertritt. Der Graf gestattete daher bereits 1456 den Bau eines eigenen Stuttgarter Rathauses, in dem ein Schultheiß dem Vogt unter die Arme greifen sollte. Das erste Rathaus entstand an genau jener Stelle am Marktplatz, an der auch das aktuelle Gebäude steht. Der Schultheiß übernahm fortan Aufgaben wie das Schlichten kleinerer Streitereien der Stuttgarter Bevölkerung und führte den Finanzhaushalt der Stadt. Erst Ende des 18. Jahrhunderts hatte das Herrenhaus – auch Malefizhaus genannt – endgültig ausgedient. Es wurde 1775 in eine Bibliothek umgewandelt und 1820 schließlich abgerissen.

IN DER CITY

RATHAUS

VON MARKTPLATZ UND GLOCKE

Am Marktplatz steht heute der dritte Rathausbau der Stadt. Das erste **Rathaus** wurde Mitte des 15. Jahrhunderts eingeweiht. Es war ein einfaches Fachwerkhaus, das über 100 Jahre später eine reich geschmückte Steinfassade erhalten sollte. Ende des 19. Jahrhunderts war jedoch ein größerer Neubau zwingend notwendig geworden. Um mehr Platz zu schaffen, mussten neben dem alten Rathaus daher 20 weitere Gebäude abgerissen werden. So entstand bis 1905 das Neue Rathaus im Stil der flämischen Gotik, das von einem prächtigen Turm überragt wurde. Nur 40 Jahre später brannte das Gebäude im Zweiten Weltkrieg gänzlich aus. Man entschied beim Wiederaufbau, den hinteren Teil des Rathauses zu erhalten, den Gebäudetrakt zum Marktplatz hin jedoch abzureißen und „modern" wieder aufbauen zu lassen. So gesehen hatte die Stadt also in ihrer Geschichte zweieinhalb Rathäuser mit wechselnden Fassaden zum Marktplatz hin. Selbst vom ersten Rathaus blieb ein kleines Andenken erhalten: Die Glocke – die in einem kleinen, aufgesetzten Türmchen auf dem Dach des Fachwerkhauses hing – hatte man aufbewahrt. Eigentlich sollte sie zu Kriegszwecken eingeschmolzen werden, doch man versteckte sie und bewahrte sie so vor diesem Schicksal. Heute hat die alte Rathausglocke im Turm des Neubaus wieder einen festen Platz gefunden.

IN DER CITY

RATHAUSTURM

VON MUSIK UND MONDPHASE

Der **Rathausturm** ist weithin sichtbar und erfüllt gleich mehrere Aufgaben. Für musikalische Unterhaltung sorgt beispielsweise ein Glockenspiel. Bereits im alten Rathausturm spielten mehrere Glocken fröhliche Volkslieder, bis sie im Zweiten Weltkrieg für Rüstungszwecke eingeschmolzen wurden. Auch beim Wiederaufbau des Turms im zeitgenössischen Stil wollte man auf ein Glockenspiel nicht verzichten. Die 30 Glocken – die nun nach Größe geordnet unter der Turmuhr hängen – spielen fünfmal am Tag eine Auswahl von 20 Volksliedern. 17 Weihnachtslieder beschallen den Marktplatz zur Winterzeit. Doch der Turm kann noch mehr als Glockengeläut. Die Uhrzeit ist am Rathausturm auf jeder der vier Seiten ablesbar. Neben dem großen roten Ziffernblatt auf der Marktplatzseite ist auch eine Uhr angebracht, die die Mondphase anzeigt. Eine solche findet man auch auf der Rückseite, zum Altbau hin. Auf dieser Seite ist zudem ein drittes Ziffernblatt zu sehen: eine Wochenphasenuhr. Die sieben Wochentage sind hier durch Symbole vertreten, wie man sie ab dem Mittelalter nutzte.

IN DER CITY

REITERKASERNE

VON STALL UND EXPANSION

Anstelle des Europaviertels erstreckten sich vor den Toren der Stadt jahrhundertelang weite Wiesen, bis dort 1845 eine große **Reiterkaserne** fertiggestellt wurde. Im Mittelbau der dreiflügeligen Anlage befand sich ein Reithaus, dem sich zu beiden Seiten Stallungen anschlossen. 1912, beim Bau des Hauptbahnhofs, musste die Kaserne jedoch weichen, da an dieser Stelle ein separat gelegener Bahnhof für den Güterverkehr entstehen sollte. Als Ersatz für das Militärareal in der Innenstadt wurde im Stadtteil Cannstatt eine Reiterkaserne auf dem ehemaligen Römerkastell errichtet. Der Güterbahnhof wurde nach über sechs Jahrzehnten ebenfalls stillgelegt, um der Innenstadt eine Möglichkeit zur Expansion zu bieten.

IN DER CITY

SCHILLERDENKMAL

VON KANONE UND MEER

Die Enthüllung des berühmten **Schillerdenkmals** 1839 auf dem Alten Schloßplatz – die Umbenennung in Schillerplatz erfolgte erst rund 100 Jahre später – wurde vom Volk geradezu euphorisch gefeiert. Nie zuvor hatte eine Veranstaltung in Stuttgart so viele Menschen angelockt. Bis zu 30.000 Interessierte strömten in die Stadt, die zu jener Zeit nicht einmal 40.000 Einwohner zählte. Als man Berthel Thorvaldsen – den damals angesehensten Bildhauer Europas – bat, die Statue des Dichters zu gestalten, fühlte sich dieser sehr geehrt. Er verzichtete hierfür sogar auf sein Honorar, stellte aber Bedingungen.

So lehnte er den ursprünglich geplanten Ort für das Denkmal auf dem „Schillerfeld" – dem Areal des heutigen Hauptbahnhofs – strikt ab. Die für den Guss der Statue nötige Bronze stammte aus eingeschmolzenen Kanonenkugeln. Diese wurden vor der griechischen Küste aus dem Meer gehoben und stammen aus einer Unabhängigkeitsschlacht von 1827. Dass Stuttgart das erste Schillerdenkmal Deutschlands erhalten sollte, passte der Geburtsstadt des Dichters gar nicht. In Marbach war man daher auf die Residenzstadt für lange Zeit nicht gut zu sprechen.

SCHLOSSKIRCHE

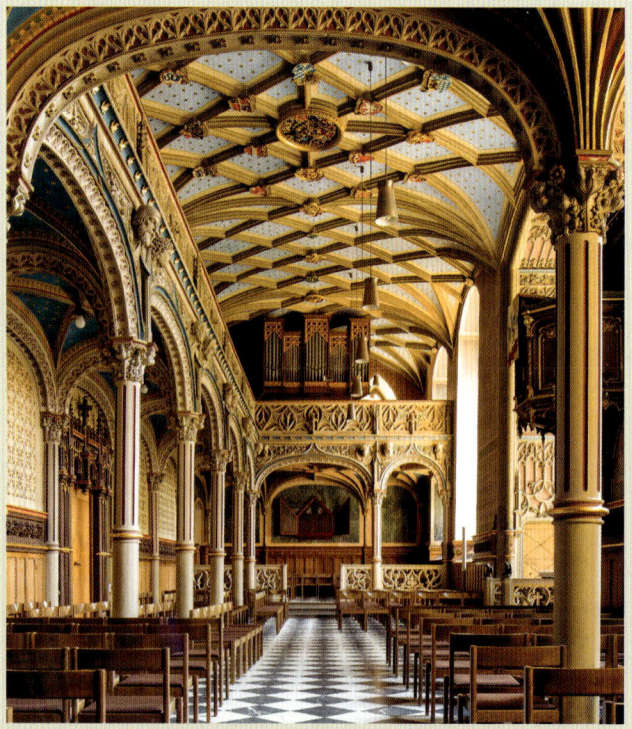

Beim Aus- und Umbau des Alten Schlosses im 16. Jahrhundert wurde 1562 auch eine eigene kleine Kirche eingeweiht. Nach der Reformation war diese Schlosskirche der erste protestantische Kirchenneubau Württembergs. Der Innenraum, wie er heute noch besteht, wurde 1806 im neugotischen Stil umgestaltet. Zu dieser Zeit richtete man auch eine Gruft unter der Kirche ein, in der später König Karl, seine Gattin Königin Olga und deren Adoptivtochter Wera ihre letzte Ruhe finden sollten.

IN DER CITY

SCHRIFTSTELLERHAUS

VON DACH UND STIPENDIATEN

In der kurzen Kanalstraße, direkt hinter dem Hochhaus am Charlottenplatz, befindet sich versteckt eine historische Häuserzeile. Das schmale Backsteinhaus mit der Nummer 4 ist gerade einmal 4,60 Meter breit. Im hinteren Bereich ist es sogar noch etwas schmaler. 1983 machte man das Gebäude aus dem 17. Jahrhundert zum ersten deutschen **Schriftstellerhaus**. Der gleichnamige Verein hat sich die Förderung der Literatur zur Aufgabe gemacht. Seither ist das kleine Häuschen ein beliebter Treffpunkt für Schriftsteller aus der Region Stuttgart. In den kleinen, gemütlichen Räumlichkeiten im Erdgeschoss finden regelmäßig Lesungen und Tagungen statt. Unterm Dach, im dritten Stock, wurde eine kleine Wohnung eingerichtet, in der Stipendiaten aus dem Schriftstellerbereich für je drei Monate untergebracht werden können.

SCHULSTRASSE

Die Schulstraße, die den Marktplatz mit der Königstraße verbindet, ist den meisten Bummlern als „Fress-Straße" oder „Fressgasse" bekannt. Aber nicht nur die hohe Dichte an Lokalen, die für das leibliche Wohl sorgen sollen, ist außergewöhnlich. Die Schulstraße wurde 1953 fast zeitgleich mit der Treppenstraße in Kassel und der Holstenstraße in Kiel als eine der ersten reinen Fußgängerzonen in Deutschland eingeweiht. Sie war zudem die erste Fußgängerzone der Republik, die sich über zwei Ebenen erstreckt.

IN DER CITY

ST. EBERHARD KIRCHE

VON DOM
UND KATHEDRALE

Eingebaut zwischen Büro- und Geschäftshäusern, wirkt die katholische Kirche **St. Eberhard** auf der Königstraße irgendwie deplatziert. Man sieht es ihr heute zwar nicht mehr an, doch die Kirche wurde weit früher an dieser Stelle erbaut als all die Gebäude, die sie umgeben. Ursprünglich war sie allerdings ein protestantisches Gotteshaus und stand seit 1770 in der Nähe von Schloss Solitude. Als das protestantische Württemberg jedoch zum Königreich erhoben wurde, wuchs das Reich noch einmal erheblich. Viele katholische Gebiete wurden eingemeindet, und das machte in der Hauptstadt einen neuen Kirchenbau nötig. Ihr Gotteshaus sollten die Katholiken so schnell wie möglich erhalten, und so ließ König Friedrich 1808 kurzerhand die Hofkirche an der Solitude abbauen und an der ebenfalls neu angelegten Königstraße wieder aufbauen. Sie war der erste katholische Kirchenbau Stuttgarts seit der Reformation. St. Eberhard wurde im Zweiten Weltkrieg fast gänzlich zerstört und im Stil der 1950er-Jahre wiederaufgebaut. 1978 stand für St. Eberhard eine Beförderung an. Das Bistum Rottenburg wurde zu dieser Zeit zur Diözese Rottenburg-Stuttgart umstrukturiert. Stuttgart sollte daher nach dem Rottenburger Dom nun eine Konkathedrale erhalten. Seither heißt das Gotteshaus an der Königstraße offiziell Domkirche St. Eberhard und ist die zweite Kathedralkirche des Bischofs.

IN DER CITY

STAATSGALERIE

VON VORHOF UND KUNST

Die Stuttgarter **Staatsgalerie** zählt zu den bedeutendsten Kunstmuseen Deutschlands. König Wilhelm I. ließ bis 1843 das *Museum der bildenden Künste* erbauen. Neben seiner Funktion als Kunstmuseum diente das klassizistische Gebäude zudem als Heimat der königlichen Kunstschule. Der ursprünglich dreiflügelige Bau musste bereits nach 40 Jahren zum ersten Mal erweitert werden. Nach der Machtergreifung der Nationalsozialisten beschlagnahmten diese viele Werke des Museums, die in ihren Augen als „entartete Kunst" galten. Im Zweiten Weltkrieg wurden zudem viele weitere Kunstwerke zerstört, ebenso wie das Gebäude selbst. Erst im Jahr 1958 konnten die neuen Ausstellungsräume im alten Museumsbau wiedereröffnet werden. Wegen des Erwerbs vieler weiterer Gemälde musste der Altbau in den 1980er-Jahren um die Neue Staatsgalerie – im Stil der Postmoderne vom Stararchitekt James Stirling entworfen – erweitert werden. Die Sammlung der Staatsgalerie umfasst heute über 5.000 Gemälde und Plastiken vom ausklingenden Mittelalter bis zur modernen Kunst sowie weitere rund 400.000 Werke aus der international bedeutenden grafischen Sammlung. Im Vorhof der Alten Staatsgalerie erinnert ein Reiterstandbild König Wilhelms I. an den Gründer und Bauherrn des Kunstmuseums.

IN DER CITY

STADTGARTEN

VON STATUEN UND BLUMENBEET

Vielen Bürgern ist der **Stadtgarten** gar kein Begriff, da er im heutigen Stadtbild eher als Universitätscampus wahrgenommen wird. Im 19. Jahrhundert wurde das Areal – die sogenannte Seewiese – nach und nach bebaut. Das Bürgertum Stuttgarts sollte hier einen großen öffentlichen Platz erhalten. Dieser Alleenplatz wurde jedoch zur Gartenbauausstellung 1870 zu einem Parkgelände umgestaltet. Hierfür legte man Rasenteppiche und Blumenbeete entlang eines geschwungenen Wegenetzes an. Gewächshäuser, Brunnen, ein Pavillon und ein Restaurant ergänzten die Ausstellungsfläche. Nach der Veranstaltung wollten die Bürger den neu entstandenen Garten erhalten, was durch die Gründung der *Stadtgarten Aktiengesellschaft* möglich wurde. Zehn Jahre später wuchs der Garten abermals und erreichte so seine heutigen Ausmaße. Die Grünanlage war nach dem Zweiten Weltkrieg in ihrer Grundstruktur noch erhalten geblieben, wurde jedoch zur Bundesgartenschau 1961 komplett umgestaltet. Die einzigen historischen Überbleibsel dieses Areals sind die Baugewerbeschule (Hochschule für Technik) und das Polytechnikum (Uni-Verwaltung) am Rande des Stadtgartens. Auch die Statuen im Garten selbst fanden ihren Weg dorthin erst nach dem Krieg und stammten vom Dach des Polytechnikums.

IN DER CITY

STADTMAUER

Zwei Überreste der Stuttgarter Stadtmauer existieren noch heute. Einen Mauerrest findet man, gut versteckt, in der Krummen Straße im Gerberviertel. Eingebaut in einen Gebäudekomplex und angrenzend an eine Laderampe, ist die alte Stadtbefestigung leicht zu übersehen. Einen weiteren Mauerrest findet man nur einige Meter weiter, im Hinterhof des Einkaufszentrums *Gerber an der* Sophienstraße. Beide Überreste gehörten zu jener Stadtmauer, die die zweite Stadterweiterung der Kernstadt – die sogenannte *Reichen Vorstadt* – umgab.

IN DER CITY

STADTPALAIS

VON STÄDTEBAU UND PALAIS

2018 eröffnete am Charlottenplatz das **StadtPalais** – das Stuttgarter Stadtmuseum. Das Wilhelmspalais – welches das Museum nun beherbergt – hat bereits eine wechselvolle Geschichte hinter sich. Der Wohnsitz des letzten württembergischen Königs – Wilhelm II. – brannte im Zweiten Weltkrieg komplett aus und wurde nur äußerlich rekonstruiert. Nach dem Wiederaufbau fand dort in den 1960er-Jahren die Stadtbücherei eine neue Heimat und blieb bis 2011. Um anschließend das städtische Museum aufnehmen zu können, musste das Innere des Gebäudes jedoch erst einmal komplett entkernt und abermals neu aufgebaut werden. Die Dauerausstellung im ersten Obergeschoss thematisiert vorrangig die Entwicklung Stuttgarts in den letzten 250 Jahren. Städtebau, Architektur und Migration sind dabei die Schwerpunkte. Das Erdgeschoss – in dem Vortragssäle und ein Café zu finden sind – dient als Begegnungsstätte für alle Stuttgarter. Im darunterliegenden Gartengeschoss können sich Kinder und Jugendliche im Stadtlabor selbst im Städtebau versuchen. Das Stadtmuseum ist jedoch nicht nur in der City vertreten. Zu seinen „Außenstellen" gehören das *Museum Hegelhaus*, das *Städtische Lapidarium* sowie die Stadt- und Heimatmuseen in Bad Cannstatt, Plieningen und Möhringen.

IN DER CITY

STIFTSKIRCHE

VON TÜRMEN UND BASILIKA

Das älteste noch erhaltene Gebäude der Stuttgarter Altstadt ist die **Stiftskirche**. Schon zwischen dem 10. und 11. Jahrhundert befand sich an jener Stelle eine Dorfkirche. Teile ihres rund 1.000 Jahre alten Fundaments wurden erst zu Beginn dieses Jahrhunderts am Südturm des heutigen Kirchenbaus entdeckt. Auf die Dorfkirche folgte Mitte des 13. Jahrhunderts eine größere Basilika. Hier wurde nun auch mit dem Bau des Südturms begonnen. Mit seinem spitzen Dach ist er somit äußerlich der älteste noch erhaltene Teil der uns heute bekannten Stiftskirche. Als Anfang des 14. Jahrhunderts schließlich die Württemberger Stuttgart zu ihrer Residenz machten, wurde auch das Gotteshaus weiter ausgebaut und zunächst der Chorraum wesentlich vergrößert. Rund 100 Jahre später wurde das Langhaus zu seiner endgültigen Größe ausgebaut. Ende des 15. Jahrhunderts folgte die letzte und wohl bedeutendste äußerliche Veränderung: Der Bau des wuchtigen Westturms begann. Kurz vor dessen Fertigstellung setzte in den 1530er-Jahren die Reformation in Württemberg ein, und die Bauarbeiten kamen zum Erliegen. Statt eines spitzen Dachs sollte der Turm schließlich ein einfaches, flaches Zeltdach erhalten. Die beiden so ungleichen Türme machen das Wahrzeichen Stuttgarts daher so unverwechselbar.

IN DER CITY

STIFTSKIRCHE

VON GRABLEGE UND GRUFT

Die **Stiftskirche** ist nicht nur Gotteshaus, sondern auch Grabstätte. Bis zu Beginn des 14. Jahrhunderts befand sich die Stammburg der Grafen von Württemberg auf dem nahen Rotenberg. Ihre Grablege – mit den zuvor verstorbenen Grafen – befand sich in Beutelsbach. Burg und Grablege wurden durch Kriegskonflikte schließlich zerstört. Daher machten die Württemberger ab 1317 Stuttgart zu ihrer Residenzstadt. Wenig später überführte man auch die Beutelsbacher Grablege in den bis dahin einzigen Stuttgarter Kirchenbau und erhob diesen zur Stiftskirche. In einer Gruft unter dem Chor sollten fortan alle Grafen beigesetzt werden. Über die Jahrhunderte musste diese bis unter die Sakristei erweitert werden. Bis ins 19. Jahrhundert sammelten sich hier 66 Särge an. 40 weitere Personen liegen zudem in einem Sammelbehältnis. Elf der Grafen in direkter Nachfolge – von Ulrich I. bis Heinrich von Mömpelgard – liegen nicht nur in der Gruft der Stiftskirche begraben, sie wurden auch in einer steinernen Ahnengalerie verewigt, die sich im Chorraum befindet. Der wohl bekannteste „Gast" der Gruft war Königin Katharina. Nach ihrem Tod lag sie hier rund fünf Jahre, bis sie, nach der Fertigstellung ihrer Grabkapelle auf dem Württemberg, für die die Stammburg weichen musste, dorthin überführt wurde.

IN DER CITY

STRASSENNAMEN

Den ältesten Namen eines Platzes in Stuttgart trägt der Marktplatz. Offiziell heißt er so seit 1304. Den ältesten, noch immer gebräuchlichen Straßennamen trägt die Schulstraße. Sie wird so bereits seit 1425 bezeichnet. Die Schulstraße diente im 13. Jahrhundert zudem als Vorgänger des heutigen Marktplatzes. Die Namen Rosen-, Eich-, Kirch- und Geißstraße sind ebenfalls seit dem 15. Jahrhundert bekannt, wurden damals jedoch noch als Gassen bezeichnet.

IN DER CITY

SÜNDERSTAFFEL

VON ADEL UND NEBENBUHLER

Um eine der schönsten Stäffele Stuttgarts rankt sich eine düstere Legende. Die **Sünderstaffel** – nahe dem Olgaeck – führt von der Alexanderstraße hinauf in Richtung Gänsheide. Die prächtige Treppenanlage ist zudem auch eine der ältesten Staffeln der Stadt. Schon 1304 wird an jener Stelle eine „gestäffelte Furch" erwähnt. Doch wie kam sie zu ihrem außergewöhnlichen Namen? Eine Legende besagt, dass 1339 zwischen den beiden Adligen Hans Bernhard Rugger und Rudolf Werner von Weißenburg ein Streit um ein Mädchen ausbrach. Rugger soll schließlich seinen Nebenbuhler erstochen haben, woraufhin der Täter zum Tode verurteilt wurde. Rugger soll dann um eine Hinrichtung an genau jener Staffel gebeten haben, da sein Vater dort die ersten Weinreben gepflanzt hatte. Die Bitte wurde Rugger gewährt, und so enthauptete man ihn an der alten Weinbergtreppe. Wer dieser Geschichte nicht viel abgewinnen kann, der mag die rationalere Version bevorzugen. Demnach war das Weingut, an dem die Treppenanlage einst lag, im Besitz eines gewissen Herrn Sünder. Welche Version auch immer stimmen mag, Tatsache ist, dass zwei Steine aus dem 16. Jahrhundert noch heute am Rande der Treppe zu finden sind und deren Inschriften sich auf ihren Namen beziehen. In Stein gemeißelt ist dort „Gott sey mir Sünder Gnedig" auf dem einen zu lesen. Auf dem zweiten Stein steht auf Latein „Was die Gottlosen gerne wollen, das ist verloren".

IN DER CITY

SYNAGOGE

VON ARBEIT UND FLAMMEN

1498 wurden alle Juden aus Stuttgart verbannt. Erst nach über 320 Jahren gründeten sie erneut eine israelitische Religionsgemeinschaft in der Stadt. 1861 folgte der Bau eines eigenen Gotteshauses an der Hospitalstraße. Die Stuttgarter **Synagoge** war ein Bauwerk im maurischen Stil, dem ein kleiner Garten vorgelagert war. Die jüdische Gemeinde wuchs, und viele Gottesdienste mussten schließlich aus Platzmangel im Festsaal des Königsbaus, später im Gustav-Siegle-Haus, stattfinden. In der Reichspogromnacht am 10. November 1938 wurde die Synagoge von NS-Offizieren geplündert und schließlich in Brand gesteckt. Auch die Synagoge in Bad Cannstatt – die noch aus der Zeit vor dem Zusammenschluss mit Stuttgart stammte – ging in dieser Nacht in Flammen auf. Den Abbruch der massiven Mauern des ausgebrannten Gebäudes mussten jüdische KZ-Insassen übernehmen, die unter der Aufsicht des Architekten Ernst Guggenheimer ihre Arbeit verrichteten. Er war ebenfalls Jude und wurde zu diesem Dienst verpflichtet. Die Steine der Ruine wurden von der Gestapo an Weinbauern aus dem Remstal verkauft, die sie in ihren Weinbergmauern verbauten. Ernst Guggenheimer wurde nach Kriegsende mit dem Wiederaufbau der Synagoge an selber Stelle beauftragt. Das viel schlichtere und unauffälligere Gotteshaus wurde 1952 im Hospitalviertel eingeweiht. Neben dem Betsaal befinden sich unter anderem ein Gemeindesaal und ein Kindergarten im Gebäude.

IN DER CITY

THEODOR-HEUSS-STRASSE

VON SCHWABEN & VERKEHR

Heute ist die „Theo" – die **Theodor-Heuss-Straße** – Stuttgarts längste Ausgehmeile, zudem eine der längsten in Deutschland und eine mit der höchsten Lounge- und Klubdichte der Stadt. Hier tummeln sich jedes Wochenende Tausende Nachtschwärmer aus der gesamten Metropolregion. Die Straße hat bereits eine bewegte Geschichte hinter sich. Nach dem Tod von Theodor Heuss 1963 sollte noch im selben Jahr die alte Rote Straße den Namen des ehemaligen Bundespräsidenten erhalten. Bis Anfang des 20. Jahrhunderts hatte die Rote Straße in etwa die Breite der parallel verlaufenden Calwer Straße. In den 1930er-Jahren ließen die Nationalsozialisten durch den Abriss einiger Gebäude die Straße an manchen Stellen verbreitern, da sie Teil eines Ringstraßensystems werden sollte. Die Gebäude entlang der alten Roten Straße wurden im Zweiten Weltkrieg fast gänzlich zerstört und die Ruinen schließlich abgebrochen. Die Straße wurde dabei um ein Vielfaches verbreitert, denn man hatte beim Wiederaufbau große Pläne für sie. Aus ihr sollte eine Nachkriegsprachtstraße werden. Zu diesem Zweck waren in Richtung Hospitalviertel sieben baugleiche Hochhäuser vorgesehen, die die Rote Straße auf ganzer Länge säumen sollten. Das *Sieben Schwaben* genannte Projekt wurde jedoch nie verwirklicht, und so befindet sich die Theodor-Heuss-Straße auch heute noch in ständigem Wandel.

IN DER CITY

UNIVERSITÄT

VON ZWILLING UND GRUNDSTEIN

Die Zwillingshochhäuser der **Universität Stuttgart** am Stadtgarten gelten bei den Stuttgartern zwar nicht als Schönheiten, sind jedoch ein markantes Wahrzeichen des Uni-Standorts in der City. Ein besonderes architektonisches Highlight haben die beiden jeweils 55 Meter hohen Gebäude aber doch: Sie beherbergen je zwei Häuser in einem. Jedes Hochhaus hat sowohl zehn als auch 15 Stockwerke. Auf der Nordseite befinden sich die zehn Übungs- und Hörsaalgeschosse, auf der Südseite gegenüber die 15 Bürogeschosse. Ein komplexes Treppenhaussystem verbindet die versetzten Stockwerkebenen miteinander. Gut zu erkennen ist dies vor allem an der Fensterfront der Kopfseiten, wo die beiden Treppenhäuser direkt nebeneinander liegen. Die Bezeichnungen *K I & K II* für die beiden Baukörper weisen übrigens nicht auf ihre Lage an der Keplerstraße beziehungsweise an der Kriegsbergstraße hin. Das „K" steht hierbei für Kollegiengebäude. Zunächst wurde nur ein Hochhaus am Park geplant, das 1960 eingeweiht werden konnte. Da die Universität jedoch schnell wuchs, wurde schon bei der Fertigstellung des K I der Grundstein für seinen Zwilling gelegt.

IN DER CITY

WAGENBURG

VON REICHSSTADT UND LAGER

Wagenburgtunnel, Wagenburgstraße, Wagenburg-Gymnasium: Im Stuttgarter Osten kennt man sie. Aber was genau ist eigentlich diese namengebende **Wagenburg**? Im 13. Jahrhundert war Stuttgart in ständig wechselndem Besitz. Zur Stadt ernannt wurde die Siedlung im Nesenbachtal 1219 – und zwar von den Markgrafen von Baden, in deren Besitz Stuttgart damals war. Rund 30 Jahre später kam Stuttgart durch die Heirat Graf Ulrichs I. mit einer Badenerin zu Württemberg. Doch auch andere Regenten erhoben Anspruch auf die Stadt. Daher stand Rudolf von Habsburg – römisch-deutscher König – 1286 vor den Toren Stuttgarts, da er das württembergische Territorium als das seine ansah. Von der Bergkette aus, die den Stuttgarter Osten von der Innenstadt trennt, belagerte er die Stadt im Tal. Sein Lager hatte er in etwa oberhalb des heutigen Eugensplatzes aufgeschlagen. Um sein Heer vor Angriffen zu schützen, wurden sämtliche mitgeführten Wagen aneinandergereiht, die dadurch eine Art Schutzwall bildeten – eine sogenannte Wagenburg. Das Ereignis liegt lange zurück, doch der Name hat sich bis heute hartnäckig gehalten. Jahre später – der Konflikt mit den deutschen Königen dauerte an – wurde auch Stuttgart besetzt. Da die Reichsstadt Esslingen seinerzeit den König gegen Württemberg unterstützte, stand Stuttgart von 1312 bis 1315 sogar unter Esslinger Verwaltung.

WILHELMSBAU

Der Wilhelmsbau – mit seinem markanten Turm – bildet seit 1909 den optischen Abschluss der Oberen Königstraße. Das große Geschäftshaus wurde im Jugendstil erbaut und beherbergte im ersten Stock ein Café, das zu den beliebtesten der Stadt zählte. Selbst den Zweiten Weltkrieg überstand der Wilhelmsbau nahezu unbeschadet. Erst nachdem sich die Stadt 1945 den Alliierten bereits ergeben hatte, steckten französische Soldaten das Gebäude in Brand. Der Wiederaufbau erfolgte im alten Stil. Sein heutiges Gesicht erhielt das Bauwerk erst in den 1960er-Jahren, als man der Meinung war, es müsse optisch „modernisiert" werden. Vor dem Wilhelmsbau befand sich an jener Stelle eine alte Legionskaserne, in der auch Friedrich Schiller einst Regimentsarzt war.

WILHELMSPLATZ

An einem Platz, an dem man heute in zahlreichen Lokalen den Tag ausklingen lässt, fanden noch bis 1811 Hinrichtungen mit dem Schwert statt. Auf dem heutigen Wilhelmsplatz in der City erinnert an die Richtstätte nur noch das jährlich stattfindende *Henkersfest*. Der Name *Hauptstätter Straße*, die direkt am Wilhelmsplatz vorbeiführt, bezieht sich somit auch nicht auf die Landeshauptstadt, sondern erinnert an die Enthauptungsstätte an diesem Ort.

IN DER CITY

WULLESTAFFEL

VON STAFFEL UND BIER

„Wir wollen WULLE!" Ernst Imanuel Wulle kam aus einfachen Verhältnissen nach Stuttgart und absolvierte hier eine Lehre zum Bierbrauer. Er heiratete die wohlhabende Wilhelmine Stotz und konnte so mit seinem Wissen und ihrem Geld 1859 eine eigene Brauerei gründen, welche an der Neckarstraße – der heutigen Willy-Brandt-Straße – entstehen sollte. Nach Startproblemen im von Wein und Most dominierten Stuttgart hatte sich die Marke Wulle etabliert und expandierte bis in die 1920er-Jahre kräftig. Brauereien in Zuffenhausen, Vaihingen, Möhringen, Mühlacker und Esslingen wurden übernommen, bis 1971 die Aktienbrauerei Wulle selbst einen neuen Eigentümer erhalten sollte. Die ebenfalls bekannte Stuttgarter Brauerei Dinkelacker kaufte die AG auf und nahm die Marke Wulle schließlich vom Markt. Das alte Brauereigebäude wurde abgerissen. So erinnern nur noch die **Wullestaffel** und der Wullesteg an die Geschichte des Unternehmens an jener Stelle, wo sich heute das Hotel *Le Meridien* und Landesministerien befinden. Ein Comeback erlebte das Wulle-Bier jedoch 2008, als Dinkelacker beschloss, die beliebte Biermarke wieder auf den Markt zu bringen.

IM NORDEN

88	AKADEMIE DER BILDENDEN KÜNSTE	93	KILLESBERGTURM	99	NILL'SCHER TIERGARTEN
89	BISMARCKTURM	94	KOCHENHOFSIEDLUNG	100	NORDBAHNHOF
90	BRENZKIRCHE	95	LEIBFRIEDSCHER GARTEN	101	ST. NIKOLAI
91	HÖHENPARK KILLESBERG	96	LIBELLENBRUNNNEN	102	WEISSENHOFSIEDLUNG
92	KILLESBERGBAHN	97	LICHTERFEST	103	ZEICHEN DER ERINNERUNG
		98	MARTINSKIRCHE		

IM NORDEN

AKADEMIE DER BILDENDEN KÜNSTE

VON ACADÉMIE UND ELITE

Als älteste Hochschule Stuttgarts gilt die staatliche **Akademie der Bildenden Künste**. Sie zählt mit ihren rund 900 Studierenden ebenfalls zu den größten und ältesten Kunsthochschulen Deutschlands. Gegründet wurde das Institut offiziell bereits 1761 von Herzog Carl Eugen als *Académie des Arts*. Er wollte namhafte Künstler nicht erst im Ausland suchen müssen, sondern stattdessen die kreativen Köpfe seines Herzogtums fördern. Jedoch sollte die Kunstakademie im Laufe der Zeit so einige Wandlungen durchleben. Bereits nach 14 Jahren ging die Académie in der neu gegründeten Karlsschule bei Schloss Solitude auf. Ab 1775 war ein Kunststudium lediglich an der neuen Eliteschule möglich. Diese wurde jedoch schon 1794, nach dem Tod des Herzogs, endgültig geschlossen – und mit ihr die Kunstakademie. Erst 35 Jahre später wurde sie als *Königliche Kunstschule* – mit Sitz an der Königstraße – neu gegründet. Aus Platzmangel musste die Kunstschule 1843 abermals umziehen und fand in einem Seitenflügel des neu errichteten *Museums der Bildenden Künste* – heute als Alte Staatsgalerie bekannt – eine neue Heimat. Der letzte Umzug erfolgte, als der Jugendstilbau auf dem Killesberg fertiggestellt war, den man eigens für die nun *Königliche Akademie der Bildenden Künste* erbauen lassen hatte. Als die Akademie 1941 mit der 1869 gegründeten Stuttgarter Kunstgewerbeschule zusammengelegt wurde, erhielt sie schließlich ihren heute noch gebräuchlichen Namen.

IM NORDEN
BISMARCKTURM

VON FEUER UND WASSERTURM

Der **Bismarckturrm** – hoch oben auf dem Kesselrand über der Stadt – ist eigentlich eine Bismarcks-Säule. Als der Entwurf des Architekten Wilhelm Kreis bei einem Wettbewerb der Deutschen Studentenschaft 1899 gewann, wurde das Bauwerk noch als Feuersäule bezeichnet. Genau diesen Zweck erfüllte der Turm ab 1904 dann auch. Dem 20 Meter hohen Bauwerk wurde eine quadratische Feuerschale aufgesetzt. Ein Gemisch aus Teer und Petroleum wurde stets zu Bismarcks Geburts- und Todestag sowie zum Reichsgründungstag entzündet. Eine Flamme bis zu fünf Meter hoch war dann weithin in der Region sichtbar. Türme zu Ehren des Reichskanzlers entstanden zuhauf im Deutschen Reich. Wilhelm Kreis' Modell *Götterdämmerung* wurde 47-mal umgesetzt. Jedoch bietet mit Sicherheit keiner dieser Türme einen so fantastischen Blick auf eine Großstadt. Daher ist der Bismarckturm auf dem Gähkopf – nach einer zeitweisen Umnutzung zum Wasserturm ab 1928 – heute einer der beliebtesten Aussichtspunkte der Stadt.

BRENZKIRCHE

Die Einweihung der Brenzkirche auf dem Killesberg stand unter keinem guten Stern. Das modern gestaltete Gebäude wurde nämlich 1933 eingeweiht – in dem Jahr, in dem die Nationalsozialisten an die Macht kamen. Der „volksfremde" Kirchenbau war ihnen ein Dorn im Auge. Der Stil des Neuen Bauens störte nach Ansicht der NS-Politiker „das deutsche Empfinden" und musste daher umgebaut werden. Die Flachdächer wurden 1939 durch Satteldächer ersetzt. Die großen Fenster wurden gegen Sprossenfenster ausgetauscht, und die runde Wand zur Straße hin hatte man abreißen und durch eine „ordentliche", rechtwinklige Ecke ersetzen lassen.

IM NORDEN
HÖHENPARK KILLESBERG

VON FUGE UND HEIDE

Der **Höhenpark Killesberg** hat eine bewegte Geschichte hinter sich. Angelegt wurde er zur Reichsgartenschau 1939. Hierfür wurde ein ehemaliger Steinbruch zur Parkanlage umgestaltet. Ein dunkles Kapitel in der Geschichte des Höhenparks war seine Nutzung als Sammelort für den Abtransport der württembergischen Juden in deutsche Konzentrationslager. Zur Deutschen Gartenschau 1950 und zur Bundesgartenschau 1961 wurde die Parkanlage erneut in zeitgenössischem Stil umgestaltet. Erst die vierte und größte Gartenschau, die Internationale Gartenbauausstellung 1993, vergrößerte den Höhenpark und schloss ihn an die großen Grünflächen der Innenstadt im Tal an. Zuletzt wurde der Höhenpark 2012 durch die zehn Hektar umfassende *Grüne Fuge* erweitert. Diese aus mehreren Rasenflächen bestehende Fläche – die auf Hochbeeten angelegt wurden – bildet nun einen direkten Übergang vom Höhenpark zur Feuerbacher Heide.

IM NORDEN

KILLESBERGBAHN

VON MINI UND LILIPUT

In Deutschland gibt es nur noch eine Handvoll sogenannter Liliputbahnen. Die älteste von ihnen ist die Stuttgarter **Killesbergbahn**. Zur Einweihung des Höhenparks 1939 fuhren die ersten Dampfbähnchen auf nur 381 Millimeter breiten Gleisen durch die Grünanlage. Auf der heute rund 2,3 Kilometer langen Strecke sind drei Bahnen bereits seit der Deutschen Gartenschau 1950 im Einsatz. Zu den Dampflokomotiven *Tazzelwurm* und *Springerle* sowie der Diesellok *Blitzschwoab* gesellte sich zur Internationalen Gartenbauausstellung 1993 eine vierte Bahn – die Diesellok *Schwoabapfeil*. Die letzte Anschaffung der Bahnflotte ist die Dampflok *Santa Maria*. Die alte Lok – Baujahr 1929 – war für Jahrzehnte in Spanien im Einsatz und dampft seit 2016 nun als fünfte Liliputbahn durch den Höhenpark. Von ihren ersten Fahrten bis zum Zweiten Weltkrieg wurde die Killesbergbahn von der Stuttgarter Straßenbahnen AG (SSB) betrieben. Seit 2011 ist die SSB nun erneut für sie verantwortlich. Aufgrund ihrer Seltenheit und ihres Alters steht die Stuttgarter Liliputbahn seit den 1990er-Jahren als Technisches Denkmal unter besonderem Schutz. Weniger bekannt, noch älter und auf noch schmaleren Schienen unterwegs ist die Kinderstraßenbahn *Rumpelstilzchen*. Diese Mini-Straßenbahn ist seit 1931 ausschließlich für Kinder der SSB-Mitarbeiter im Einsatz. Auf nur 600 Millimeter breiten Gleisen zuckelt sie heute durch das Waldheim der SSB in Degerloch.

IM NORDEN

KILLESBERGTURM

VON MAST UND HÖHENANGST

Bereits in den 1950er-Jahren existierte im Höhenpark auf dem Killesberg ein 20 Meter hoher Aussichtsturm aus Stahl und Glas. Mit einem Aufzug gelangte man zur Aussichtsplattform. In den 1970er-Jahren musste das Bauwerk jedoch wegen baulicher Mängel abgerissen werden, und ein Ersatz sollte lange auf sich warten lassen. In den 1980er-Jahren lagen dann die Pläne für einen neuen Turm vor, der zur Internationalen Gartenbauausstellung 1993 eingeweiht werden sollte. Doch die Stadt musste die Pläne aus finanziellen Gründen auf Eis legen. Erst im Jahr 2001 konnte der markante **Killesbergturm** dank Spendengeldern auf derselben Anhöhe, auf der einst sein Vorgänger stand, errichtet werden. Den rund 40 Meter hohen Mast im Zentrum halten 48 gespannte, im Boden verankerte Spiralseile aus Stahl in der Senkrechten. An ihnen wurden zudem die vier Aussichtsplattformen sowie zwei Treppenanlagen aufgehängt. Daher geraten die Plattformen auch häufig stark ins Schwanken. Besucher mit Höhenangst werden sich jedoch bereits am Boden große Sorgen um die Stabilität des Turmes machen, wenn sie hier den zentralen Mast auf einer kleinen Edelstahlkugel ruhen sehen. Doch sorgen muss man sich nicht. Neben seinen 70.000 Kilogramm Eigengewicht wäre das Bauwerk auch in der Lage, Besucher mit einem Gesamtgewicht von über 185.000 Kilo zu tragen.

IM NORDEN

KOCHENHOFSIEDLUNG

VON HOLZ UND INNOVATION

Die **Kochenhofsiedlung** ist im Grunde ein Gegenentwurf zur berühmten Weißenhofsiedlung. Schon Ende der 1920er-Jahre – die Weißenhofsiedlung mit ihren Wohnhäusern im Stil des Neuen Bauens waren gerade fertiggestellt – begann man mit der Planung einer weiteren Bauausstellung, nur wenige Hundert Meter entfernt. Das Leitthema dieses Projekts war der Bau von Wohnhäusern aus Holz. Vor allem nach der Weltwirtschaftskrise 1929 sollte hier demonstriert werden, wie Wohnraum schnell und günstig geschaffen werden konnte. Noch vor der Eröffnung der Bauausstellung 1933 kamen im selben Jahr die Nationalsozialisten an die Macht. Sie empfanden das bisherige Konzept der Kochenhofsiedlung als ein „verheerendes Bild" und griffen kurzerhand in die Planung ein. Die Weißenhofsiedlung war der NSDAP geradezu verhasst. Diese neue Bauausstellung bot ihnen daher die Gelegenheit, das – in ihren Augen – „deutsche Bauen" zu bewerben. Das bedeutete für alle 23 Architekten und die 25 entstehenden Wohnhäuser: schlichte Fassaden und ein klassisches Satteldach. Jegliche Innovationen im Holzbau, die aus der ursprünglichen Planung stammten, wie Selbst- und Billigbau, wurden dabei verworfen. Trotz Kriegszerstörungen und mehreren Umbaumaßnahmen in den letzten Jahrzehnten kann man das Konzept der Holzbau-Siedlung auf dem Killesberg noch heute erkennen.

IM NORDEN
LEIBFRIEDSCHER GARTEN

VON STEG UND BASTION

Eingekeilt zwischen den Bundesstraßen 27 und 10 befindet sich auf dem Pragsattel eine versteckte Grünanlage. Der **Leibfriedsche Garten** ist seit der Internationalen Gartenbauausstellung (IGA) 1993 Teil des *Grünen U* – eines Zusammenschlusses mehrerer Grünanlagen. 1875 erwarb der Schokoladenfabrikant Eduard Otto Moser (Moser-Roth) ein großes Grundstück, auf dem er eine Villa errichten ließ. 30 Jahre später erwarb der Privatier Karl Ernst Leibfried die prächtige Villa und die dazugehörige Gartenanlage. Die Villa wurde 1944 durch Bombardements vollkommen zerstört. Die Ruine des Gebäudes – unter anderem die noch erhaltene Grotte – sollte bei der Gartenbauausstellung in ein Kunstprojekt integriert werden. Über Laufstege wurde die Besichtigung der Überreste der Villa ermöglicht. Die Stege der *Kunststation Villa Moser* sind nun selbst zur Ruine geworden und seit Jahren nicht mehr zugänglich. Ein weiteres Kunstprojekt in der Gartenanlage ist die *Bastion Leibfried*. Dabei handelt es sich um einen künstlich aufgeschütteten, kegelförmigen Hügel, auf dessen Spitze sich eine Aussichtsplattform befindet. Fünf Hainbuchen und eine runde Natursteinmauer, die die Plattform umschließt, sind weithin sichtbar und somit ein Markenzeichen der Gartenanlage.

IM NORDEN

LIBELLENBRUNNEN

VON LIBELLE UND ZIEGENOHREN

Der **Libellenbrunnen** am Herdweg – im Jugendstil gestaltet – wurde 1904 aufgestellt. An seiner Stelle befand sich zuvor eine einfache Viehtränke. An der Form des Kalksteinbrunnens erkennt man jedoch, dass er weiterhin als Tränke diente. Zwei Fabelwesen, die für Fruchtbarkeit stehen, stellen hier eine lustige Szene dar. Das dicke Gesicht eines Fauns mit Ziegenohren schaut aus einem Stein heraus. Aus seinen Mundwinkeln sprudelt das Wasser. Neben ihm steht eine junge Frau mit Libellenflügeln, die den Faun mit dem Halm eines Rohrkolbens am Ohr kitzelt. Beide Figuren bestehen aus Bronze. Dies sollte ihnen später zum Verhängnis werden. Als zu Kriegszeiten Mangel an verschiedenen Metallen herrschte, wurden Faunmaske und Libelle 1943 eingeschmolzen. Das Faungesicht konnte bereits 1950 wieder rekonstruiert werden. Die Libellenfigur folgte später, da man erst nach Jahren ihre Gussform in einer Kunstgießerei in Süßen entdeckte. Ein ähnliches Schicksal ereilte auch andere Brunnen in Stuttgart. Die Figurengruppe *Mutterliebe*, die auf dem *Paulinenbrunnen* an der Tübingerstraße stand, wurde ebenfalls für Rüstungszwecke eingeschmolzen und erst 2008 wieder rekonstruiert.

IM NORDEN

LICHTERFEST

VON LICHTERMEER UND TRADITION

Das erste *Stuttgarter* **Lichterfest** auf dem Killesberg fand bereits 1939 statt, als der Höhenpark eingeweiht wurde. Damals noch unter dem Namen *Nacht der 100.000 Lichter* sorgten unter anderem illuminierte Boote auf den Seen im Park für ein Lichtermeer. Die Tradition des Lichterfests wird bis heute fortgesetzt und ist jedes Jahr ein Sommer-Highlight der Landeshauptstadt. In den Kriegsjahren und in den Jahren nach dessen Ende fanden die Feste nicht statt. Erst 1950 gab es zur *Deutschen Gartenschau* im Höhenpark wieder ein Lichterfest. In den 1950er-Jahren fand auch das erste Feuerwerk als Höhepunkt des Abends statt. Heute besuchen rund 30.000 Menschen jährlich das stimmungsvolle Fest, das durch Tausende Laternen, Lampions und Lichtinstallationen dem Park eine einzigartige Atmosphäre verleiht. Auch heute noch freuen sich die Besucher besonders über das große Musikfeuerwerk und eine Lasershow am Killersbergturm. Synchron zur Musik erleuchten schließlich über 3.500 Feuerwerkskörper den Himmel über Stuttgart.

IM NORDEN

MARTINSKIRCHE

Kirchenneubauten waren zur Zeit des Nationalsozialismus eher eine Seltenheit. In Stuttgart wurde 1937 die Martinskirche am Pragfriedhof eingeweiht. Das Besondere an diesem Gotteshaus: Die Bauherren wurden bereits bei der Planung dazu verpflichtet, das Kellergeschoss als Schutzraum zu gestalten und ihn für rund 1.000 Menschen zur Verfügung zu stellen. Sie wird daher häufig auch als „Bunkerkirche" bezeichnet.

IM NORDEN

NILL'SCHER TIERGARTEN

VON TIERGARTEN UND DOGGEN

Lange vor der Wilhelma hatte Stuttgart bereits vier Tiergärten. Nachdem der Königliche Zoo Anfang des 19. Jahrhunderts nur wenige Jahre bestand, wurde Mitte desselben Jahrhunderts auch der private Tierpark von Gustav Werner an der Sophienstraße aufgelöst. Der dritte Zoo – der bekannteste und größte – befand sich im Norden der Stadt. Der Zimmermeister Johannes Nill stellte ab 1862 auf seinem Betriebsgelände zwischen Azenberg- und Wiederholdstraße zunächst einige heimische Tiere aus. Aufgrund ihrer Beliebtheit entwickelte sich die Ausstellung in den 1870er-Jahren schließlich zu einem Privatzoo mit über 500 Tieren auf einem rund eineinhalb Fußballfelder großen Areal. An einem Sonntag kamen in den **Nill'schen Tiergarten** bis zu 20.000 Besucher, um die Affen, Elefanten, Zebras, Giraffen und Schlangen zu sehen. Zur Zeit der Industrialisierung wuchs die Kernstadt immer näher an den Tiergarten heran, und die Anwohner beklagten sich über den Lärm und den Gestank. Dies führte 1906 zur Schließung des Zoos. Einige Tiere aus Nills Tiergarten zogen anschließend auf die Feuerbacher Heide um. Dort hatte sich aus einer ehemaligen Doggen-Züchterei das Ausflugslokal *Zur Doggenburg* entwickelt. Mit den Tieren Nills bot das Lokal fortan eine neue Attraktion, und der *Tierpark an der Doggenburg* war geboren. Der kleine Zoo sollte dort bis 1942 verbleiben.

IM NORDEN

NORDBAHNHOF

Die Eisenbahnbrücke am Nordbahnhof wurde Ende des 19. Jahrhunderts erbaut. Noch heute rattern die Züge der Gäubahnstrecke täglich über sie hinweg. Ein skurriles Bild bietet die Brücke in der Rosensteinstraße. Drei kleine Häuschen – früher waren es einmal vier – wurden in der Nachkriegszeit in die Bögen des Viadukts hineingebaut. Die baugleichen Häusle entstanden als Musterbeispiel des „Platzsparenden Wohnen" in einer Zeit, in der Wohnraum rar war. Aufgrund ihrer Baugeschichte stehen die Brücke und ihre „Untermieter" unter besonderem Schutz.

IM NORDEN
ST. NIKOLAI

VON DORFKIRCHE UND ZAREN

Die Beziehungen zwischen dem Königreich Württemberg und dem russischen Zarenhaus waren lange Zeit sehr intensiv, da die Zarentöchter Katharina und Olga beide zu württembergischen Königinnen wurden. Um sich heimisch zu fühlen, richtete Katharina im Neuen Schloss eine russisch-orthodoxe Kapelle für eine Gemeinde ein, die sie selbst 1816 gründete. Doch bereits drei Jahre später fanden die Gottesdienste in der Grabkapelle auf dem Württemberg statt, wo die früh verstorbene Königin beigesetzt wurde. Herzogin Wera – die Nichte und Adoptivtochter von Königin Olga – empfand den Weg hinauf zum Württemberg jedoch zu Recht als sehr beschwerlich. Sie gab daher den Anstoß, eine Kirche nahe der Stuttgarter Innenstadt erbauen zu lassen. Daraufhin entstand 1895 an der Hegelstraße die russische Kirche **St. Nikolai**, die von der russischen Regierung finanziert wurde. Wegen der beengten Verhältnisse wurde sie im Stil einer Dorfkirche gestaltet und bekam statt der üblichen fünf nur eine Zwiebelkuppel. Offiziell hat das kleine Gotteshaus aus rotem Backstein den Status einer Kathedrale. Traditionell werden die Glocken zu den Gottesdiensten am Samstag und Sonntag von Hand geschlagen. Die russische Kirche zählt heute über 1.200 Gemeindemitglieder. Deren Zahl stieg vor allem durch die Zuwanderung in den letzten 20 Jahren deutlich an. *St. Nikolai* ist zudem die älteste, ununterbrochen bestehende russisch-orthodoxe Kirchengemeinde in Deutschland.

IM NORDEN

WEISSENHOFSIEDLUNG

VON UNESCO UND DOPPELHAUS

Die elf Wohnhäuser, die 1927 in der **Weißenhofsiedlung** erbaut wurden und den Zweiten Weltkrieg überstanden haben, wurden 1958 unter Denkmalschutz gestellt. Trotz alledem wurden diese Baudenkmäler in den Nachkriegsjahren teils stark verändert und erst in den 1980er-Jahren größtenteils originalgetreu rekonstruiert. Die gesamte Siedlung gehört dem Bund, der die „für Bundeszwecke entbehrlichen Liegenschaften" einzeln verkaufen wollte. Die Stadt Stuttgart drängte jedoch darauf, die Siedlung zumindest als Ganzes zu veräußern. Zudem erwarb die Stadt 2002 das Doppelhaus des Stararchitekten Le Corbusier an der Rathenaustraße 1 und 3, um dort vier Jahre später das *Weissenhofmuseum* zu eröffnen. In der linken Hälfte des Doppelhauses wird anhand von Modellen, Bildern und Schriftstücken die Geschichte der Siedlung – beginnend mit dem Architekturprojekt „Die Wohnung" – erzählt. In der rechten Haushälfte wurden die bunten Wohnräume komplett rekonstruiert und dienen mit ihren Schiebewänden und den Betten in Einbauschränken als „begehbares Exponat". 2016 wurden 17 Gebäude Le Corbusiers in sieben Ländern zum *UNESCO-Weltkulturerbe* ernannt – darunter das Weissenhofmuseum und das Gebäude Bruckmannweg 2. Hierbei handelt es sich um die erste Welterbestätte Stuttgarts.

IM NORDEN

ZEICHEN DER ERINNERUNG

Die Gedenkstätte *Zeichen der Erinnerung* ist den Opfern des Nationalsozialismus gewidmet. Das Mahnmal wurde am Inneren Nordbahnhof eingerichtet. Von hier aus wurden mehr als 2.500 Juden, Roma und Sinti aus Württemberg und Hohenzollern in Eisenbahnwaggons in die Konzentrationslager transportiert. Fünf Gleise, von denen aus die Fahrten in den sicheren Tod starteten, sind erhalten geblieben. Die Anlage wird in Richtung Pragfriedhof von einer langen Mauer begrenzt, auf der alle Namen der von hier deportierten Menschen zu finden sind.

IM SÜDEN

106	ALTES FEUERWEHRHAUS	111A		KARLSHÖHE	119		SÜDHEIM
107	BOPSERANLAGE	113		LAPIDARIUM	120	VILLA GEMMINGEN
108	EIERNEST	114	MARIENHOSPITAL	121	WEISSENBURGPARK
109	HALLENBAD HESLACH	115		MARIENPLATZ	122		ZAHNRADBAHN
110	HESLACHER TUNNEL	117	NEUE WEINSTEIGE	123	ZAHNRADBAHNHOF
111	KAISER-BAU	118		ST. MARIA			

ALTES FEUERWEHRHAUS

Ein markantes Gebäude am Erwin-Schoettle-Platz in Heslach ist das Alte Feuerwehrhaus. Das Backsteingebäude wurde Ende des 19. Jahrhunderts als Magazin für die Heslacher Feuerwehr erbaut. Im Turm des Gebäudes – mit seiner Spitze in Sichtfachwerk – wurden die Feuerwehrschläuche zum Trocknen aufgehängt. Auch eine Turnhalle gehörte zum Ensemble, die in den 1970er-Jahren zu einem Festsaal umgebaut wurde. Zur selben Zeit wurde auch das restliche Gebäude in ein Kultur- und Bürgerzentrum für den Bezirk Stuttgart-Süd umgewandelt.

ALTES SCHÜTZENHAUS

Eine Vereinigung von Armbrustschützen gründete im Jahr 1500 den Vorgänger der *Stuttgarter Schützengilde*. Sie gilt daher als ältester Verein Stuttgarts. Über die Jahrhunderte wechselte die Gilde öfter den Standort ihrer Vereinshäuser. Das bekannteste ihrer Schützenhäuser befindet sich am Südheimer Platz in Heslach. Das Fachwerkgebäude mit seinem markanten Turm gab der Schützengilde e. V. jedoch bereits in den 1980er-Jahren auf, als die angrenzende Schießbahn Platz für den Bau des Heslacher Tunnels machen musste. Heute wird das Alte Schützenhaus vor allem gastronomisch genutzt.

BOPSERANLAGE

Die kleine Bopseranlage – an der Hohenheimer Straße, unterhalb des Teehauses gelegen – wurde bereits Ende des 18. Jahrhunderts angelegt. Zuvor war man bei Grabungsarbeiten auf der Suche nach Porzellanerde für die Porzellanmanufaktur in Ludwigsburg auf eine Quelle gestoßen. Wegen der besonders guten Wasserqualität der Bopserquelle errichtete man dort einen kleinen Trinkwasserbrunnen. Zum Schutz des Brunnens wurde 1840 ein Pavillon errichtet. Dieser wurde in den 1990er-Jahren nach historischer Vorgabe wieder aufgebaut und steht noch heute im Zentrum der Grünanlage.

IM SÜDEN

EIERNEST

VON ADLERN UND EIERN

In Stuttgart gibt es noch zahlreiche alte Arbeitersiedlungen. Eine besondere Siedlung mit einem außergewöhnlichen Namen ist das **Eiernest** in Heslach. Sie wurde in den 1920er-Jahren für die städtischen Arbeiter und Angestellten nahe dem Marienhospital erbaut. Zu jener Zeit herrschte großer Wohnraummangel in Stuttgart, und so ließ die Stadt rasch 180 Einfamilien-Reihenhäuser auf einem freien Gebiet errichten, das bereits unter dem Namen Eiernest bekannt war. Ursprünglich lautete der Name des Gebiets am Fuß eines Weinbergs wohl Adlernest. Eine Adlerstraße gibt es noch heute unweit der Wohnsiedlung, welche selbst wiederum von der Eierstraße eingefasst wird. Vorbild für die Heslacher Siedlung waren die englischen Gartenstädte. Einstöckige Reihenhäuser mit ausgebautem Dachboden – im Grünen gelegen und mit kleinen Vorgärten ausgestattet – waren typische Merkmale für diese. Die Häuschen wurden größtenteils einheitlich gestaltet. Im Farbton von Eierschalen gestrichen, mit grünen Fensterläden und identischen Türen haben die Gebäude eine Grundfläche von rund 45 Quadratmetern. Da die Arbeitersiedlung Eiernest noch größtenteils im ursprünglichen Zustand erhalten geblieben ist, steht sie heute unter Denkmalschutz.

IM SÜDEN

HALLENBAD HESLACH

VON DAMPFBAD UND BRAUSESTÄTTE

Das **Hallenbad Heslach** kommt äußerlich recht unscheinbar daher, beeindruckt im Innern jedoch umso mehr. Es wurde im Stil der Neuen Sachlichkeit erbaut und 1929 eingeweiht. Das gewölbte und mit Lichtbändern versehene Dach der Schwimmhalle wird von neun Stahlbetonbögen getragen und war seinerzeit eine einmalige Konstruktion. Bei seiner Fertigstellung war das Heslacher Bad das größte Hallenbad Deutschlands. Fast wäre es in den 1970er-Jahren den Abrissbirnen zum Opfer gefallen, die Ernennung zu einem Kulturdenkmal hat dies jedoch verhindert. Für den südlichen Stadtteil hatte es bereits 1903 Pläne für ein Badehaus gegeben. Damals lag der Fokus jedoch auf dem Bau einer *Volksbrausestätte*, da die meisten Wohnungen keine eigenen Duschmöglichkeiten boten. Doch erst Jahrzehnte später wurde mit dem Hallenbad Heslach ein für die damaligen Verhältnisse geradezu luxuriöses Bad eröffnet. So gab es ein 50-Meter-Schwimmbecken und ein römisches Dampfbad. Das Becken war jedoch der Länge nach in der Mitte geteilt, um Damen und Herren beim Planschen voneinander zu trennen. Später wurde es umgestaltet, auf 25 Meter gekürzt und der restliche Bereich zu einem Sprung- und einem Nichtschwimmerbecken gestaltet.

IM SÜDEN

HESLACHER TUNNEL

VON TROCKENTOILETTE UND RÖHRE

Durchschnittlich schleppen sich rund 50.000 Fahrzeuge täglich durch den **Heslacher Tunnel** im Stuttgarter Süden. Ausgelegt war dieser jedoch nur für 35.000 Fahrzeuge. Noch bis 1991 schob sich die Blechlawine durch den engen Stadtteil Heslach. Nach elfjähriger Bauzeit konnte die B 14 dann schließlich durch den neuen Tunnel am Marienplatz geleitet werden. Lange Zeit stand dessen Bau jedoch auf der Kippe. Nur mit knapper Mehrheit wurde im Gemeinderat dem 2,3 Kilometer langen Tunnelbauwerk zugestimmt. Der Bund wollte sich nur unter einer Bedingung an der Finanzierung beteiligen: Der Tunnel musste zusätzlich als Schutzraum für rund 5.000 Menschen geplant werden. Aus diesem Grund befinden sich nach dem Tunnelportal am Marienplatz und bei der Abfahrt zur Karl-Kloß-Straße große Tore, durch die man im Notfall die Röhre hermetisch abriegeln kann. Daher wurde beim Tunnelbau auch an Wasserleitungen und an Trockentoiletten gedacht. Der Heslacher Tunnel ist somit der letzte gebaute Schutzraum Stuttgarts.

IM SÜDEN

KAISER-BAU

Der wuchtige Kaiser-Bau am Marienplatz von 1911 wurde nicht nach einem Monarchen benannt, sondern nach der dort ansässigen Automatenfabrik Kaiser. Diese Firma eröffnete schon Anfang des 20. Jahrhunderts im Erdgeschoss des Gebäudes ein Automatenrestaurant. Vor über 100 Jahren war es dort bereits möglich, die Türen eines Schaukastens per Münzeinwurf zu öffnen, um die vorbereiteten Speisen und Getränke selbst zu entnehmen.

KARLSHÖHE

Den beliebten Biergarten auf der Karlshöhe gibt es bereits seit 1961. Er wurde ursprünglich jedoch als Milchbar zur Bundesgartenschau eröffnet. In diesen Bars wurden vor allem antialkoholische Getränke und Speiseeis serviert. Die Milchshakes sind ein Überbleibsel dieser Zeit. Eine der ersten Milchbars der Stadt entstand jedoch bereits 1950 im Höhenpark auf dem Killesberg zur Deutschen Gartenschau. Die Milchbars sind längst aus dem Stadtbild verschwunden, doch das Lokal im Höhenpark trägt noch heute diesen Namen.

IM SÜDEN

KARLSHÖHE

VON SENDER UND KRONE

Die Silberburgstraße unterhalb der **Karlshöhe** wurde nicht nach einer Burg, sondern nach einem beliebten Ausflugslokal benannt. Anfang des 19. Jahrhunderts eröffnete der Gastronom Lorenz Silber in einem stattlichen Gebäude am Fuße der Karlshöhe – damals noch Reinsburghügel genannt – eine Gaststätte mit großer Außenfläche. Das Lokal befand sich in etwa dort, wo man heute einen Kinderspielplatz vorfindet. Die Umgebung des Hügels war noch nicht bebaut, und so hatte man von dort eine wunderbare Aussicht auf die Stadt. Daher erfreute sich Silbers Gaststätte in der Bevölkerung schnell großer Beliebtheit und wurde im Volksmund nur noch *Silberburg* genannt. Rund 130 Jahre war den Stuttgartern diese Silberburg ein Begriff, bis die Reichsrundfunkgesellschaft in den 1930er-Jahren die Karlshöhe erwarb und das Gebäude abreißen ließ. Ihr Plan sah vor, an dieser Stelle ein neues Funkhaus bauen zu lassen. Doch Hitler hatte größere Pläne und wollte auf dem höchsten Punkt des Hügels ein prunkvolles Bauwerk – den *Reichssender Stuttgart* – errichten lassen. Diese „Stadtkrone" wurde jedoch wegen des Zweiten Weltkrieges nie verwirklicht. Das Silberburgareal wurde an den SDR (heute SWR) weitervererbt. Dieser tauschte sein Grundstück schließlich mit der Stadt Stuttgart gegen die Villa Berg inklusive Park ein.

IM SÜDEN

LAPIDARIUM

VON STEINEN UND SCHÄTZEN

500 Jahre steinerne Geschichte sind im *städtischen* **Lapidarium** zu besichtigen. Statuen, Ornamente, Gedenktafeln, Büsten und ganze Torbögen befinden sich in der Gartenanlage einer Villa am südlichen Hang der Karlshöhe in der Mörikestraße. Das ursprüngliche städtische Lapidarium im Kreuzgang des Klosters bei der Hospitalkirche wurde im Zweiten Weltkrieg zerstört. Die Überreste dieser Sammlung sollten zusammen mit bedeutenden Kriegstrümmern und ausgelagerten Objekten noch rechtzeitig vor den Bombardements eine neue Heimat bekommen. Das Grundstück der Villa Ostertag-Siegle, das sich im Besitz der Stadt befand, bot sich hierfür an. Der Garten wurde ab 1905 im Stil der italienischen Renaissance angelegt und beherbergte bereits einen Wandelgang mit der Sammlung *stadtrömischer Antiken* des Vorbesitzers. Über 120 steinerne Objekte befinden sich seit den 1950er-Jahren in der öffentlich zugänglichen Gartenanlage. Bronzene Ritterfiguren des alten Rathauses *sichern* den Zugang zur Sammlung. Schätze wie Brunnenfiguren des *Neuen Lusthauses*, das *Muckenbüble aus dem Park* der Villa Berg, Statuen aus dem Schlossgarten, das Portal des Hoppenlaufriedhofs oder die Fensterbögen des Kronprinzenpalais und der Hohen Karlsschule befinden sich im Lapidarium.

IM SÜDEN

MARIENHOSPITAL

VON SCHWESTER UND PATIENT

Von der Eröffnung des **Marienhospitals** 1890 war man in Stuttgart alles andere als begeistert. Der Bau des Krankenhauses wurde von katholischen Ordensschwestern in Auftrag gegeben, und das war den protestantischen Stuttgartern bereits ein Dorn im Auge. Sie unterstellten den Schwestern gar, sie würden die Patienten dazu verleiten, zum Katholizismus zu konvertieren. Das Gebäude selbst stand ebenfalls in der Kritik. Ein Krankenhaus, das unter anderem durch Spendengelder finanziert wurde, sollte nicht derart protzig daherkommen. Dabei ist der Altbau an der Böheimstraße, wie wir ihn heute kennen, bereits eine abgespeckte Version der ursprünglichen Pläne. Der Architekt hatte aus Kostengründen auch an der Fassade im Stil der Neorenaissance Abstriche machen müssen. Fast wäre das alte Marienhospital sogar Opfer von Abrissbirnen geworden. Als man in den 1980er-Jahren den wuchtigen Erweiterungsbau plante, war zunächst auch der Abriss des Altbaus angedacht. Von dem Abriss verschont geblieben, wurde der historische Gebäudeteil schließlich unter Denkmalschutz gestellt und diente fortan als Verwaltungsbau. Wenn auch Religion heute eine untergeordnete Rolle im Betrieb des Krankenhauses spielt, so sind auch weiterhin 45 Ordensschwestern im Marienhospital tätig.

IM SÜDEN

MARIENPLATZ

VON ZIRKUS UND BAHNHOF

Der **Marienplatz** ist nach dem Schloßplatz der zweitgrößte Platz im Stuttgarter Talkessel. In seiner rund 140-jährigen Geschichte hat sich sein Aussehen häufig geändert. Das markanteste Bauwerk auf dem westlichen Teil des Platzes – heute dem Bereich vor dem Ibis Hotel – war ab den 1890er-Jahren ein Zirkus. Bis zu 3.500 Zuschauer besuchten in dem Rundbau neben klassischen Zirkusvorstellungen auch viele Feste wie etwa die Maifeiern. Rund 45 Jahre später – der Zirkus war längst wieder verschwunden – wurde der große Platz abermals bebaut. An der Endhaltestelle der Zahnradbahn entstand in den 1930er-Jahren ein kleines Bahnhofsgebäude samt Zeitungskiosk. Eine wuchtige Betonrampe, über die die Zahnradbahn einfuhr, dominierte zudem den Platz. Zur Zeit des Zweiten Weltkriegs wurde im Untergrund ein Schutzbunker angelegt, der noch heute existiert und als Probenraum für Musikgruppen dient. Am Westende des Platzes befinden sich der Eingang zum Bunker und ein Notausgang – durch ein Gitter im Boden erkennbar – beim Zahnradbahn-Halt. In den Nachkriegsjahren verwilderte der Marienplatz immer mehr. Daher wurde er Anfang dieses Jahrhunderts „entrümpelt" und gänzlich umgestaltet. Der neue Platz konnte 2003 eingeweiht werden und wirkt seither weitläufiger und nüchterner. Dies wurde von den Anwohnern zunächst als sehr trostlos empfunden. Längst haben die Einwohner im Süden den neuen Marienplatz jedoch für sich erobert, und so gehört er heute zu den belebtesten und beliebtesten Plätzen Stuttgarts.

IM SÜDEN

MARIENPLATZ

VON STALLUNGEN UND UNTERSCHLUPF

Wo „schlafen" eigentlich die Stadtbahnen? Das tun sie primär in den drei Betriebshöfen, die sich in Heslach, in Remseck und bei der SSB-Zentrale in Möhringen befinden. Früher lagen die Depots wesentlich zentraler. Nach den beiden Betriebshöfen in den Innenstadtbezirken Ost und West folgte Ende des 19. Jahrhunderts ein dritter am **Marienplatz** im Süden. Letzterer war ein richtiger Prachtbau und prägte lange das Gesicht des Platzes. Wegen seiner Türmchen und Erker nannten die Stuttgarter das Bauwerk liebevoll „Die Burg". Dieser Betriebshof wurde noch für die von Pferden gezogenen Straßenbahnen geplant. Ihm waren daher auch Stallungen angegliedert. Straßenbahnen fanden noch bis in die 1960er-Jahre Unterschlupf in der Burg, bis neue Depots außerhalb des Zentrums eingeweiht wurden. Lediglich die Hauptverwaltung der *Stuttgarter Straßenbahnen AG* verblieb bis in die 1970er-Jahre am Marienplatz, bis ein Neubau in Möhringen bezogen und der alte Betriebshof komplett aufgegeben wurde. Eine Zeit lang nutzte die nahe gelegene Brauerei Dinkelacker die Wagenhallen als Lagerstätte. 1990 kam jedoch das Ende für das Depot. Da es die direkte Zufahrt zum geplanten Heslacher Tunnel versperrte, wurde es schließlich abgerissen. An seiner Stelle befinden sich heute einige Fahrspuren der B 14 und das Hotel-, Büro- und Wohnkomplex *Südtor*. Übrig geblieben vom Depot im Süden ist lediglich ein kleines Türmchen, das man noch heute über dem Heslacher Tunnel an der Liststraße findet.

IM SÜDEN

NEUE WEINSTEIGE

VON HÄNGEN UND STRECKEN

Die Alte Weinsteige war für lange Zeit die einzige Verbindung zwischen Degerloch auf den Fildern und Stuttgart im Tal. Dadurch war das Verkehrsaufkommen auf der steilen Strecke oft extrem hoch. Aus diesem Grund wurde 1826 mit dem Bau einer zweiten, sanfter ansteigenden Verbindungsstraße auf die Filderebene begonnen. Anders als die Alte Weinsteige in der südlichen Vorstadt, würde die neue Straße bis vor die Tore der Altstadt führen. Man plante sie vom Wilhelmsplatz, entlang der südlichen Weinberge, bis hinauf nach Degerloch. Der Bau der Panoramastraße galt als technische Meisterleistung, da sie teilweise an steilen Hängen entstand. Nach fünfjähriger Bauzeit konnte die neue Wilhelmstraße – benannt nach ihrem Bauherrn König Wilhelm I. – schließlich eingeweiht werden. Bereits 1846 wurde der größte Teil der Strecke jedoch in **Neue Weinsteige** umbenannt. Ein weiterer Abschnitt erhielt den Namen Olgastraße – zu Ehren der Schwiegertochter des Königs. Lediglich die kurze Strecke zwischen Wilhelmsplatz und Olgastraße trägt noch heute den ursprünglichen Namen. Da die Neue Weinsteige ab 1904 zudem von Straßenbahnen befahren wurde und das Verkehrsaufkommen weiter stieg, musste die Straße in den 1930er-Jahren verbreitert werden. Die Straßenbahn wurde jedoch bis 1990 gänzlich von der Panoramastraße verbannt und in einen parallel verlaufenden Tunnel verlegt.

ST. MARIA

Die Kirche St. Maria an der Tübinger Straße war der erste katholische Kirchenbau, der nach der Reformation außerhalb der alten Stadtmauern entstand. St. Maria wurde 1879 geweiht, in einer Zeit also, in der Stuttgart enorm wuchs und sich auch viele Katholiken in der Stadt ansiedelten. Zu dieser Zeit stand die Kirche – die im Stil einer gotischen Kathedrale erbaut wurde – noch frei am Rand der Innenstadt. Heute wird die städtebauliche Wirkung der schönen Kirche vor allem durch die Paulinenbrücke stark beeinträchtigt.

IM SÜDEN
SÜDHEIM

VON BRÜCKE UND WOHNRAUM

Wie schon die Kolonie Ostheim zuvor sollte auch **Südheim** Anfang des 20. Jahrhunderts zu einer großen Arbeitersiedlung werden. Doch das Areal, das sich direkt an den südlichen Stadtteil Heslach anschloss, sollte letztlich nur zu einem Fünftel bebaut werden. Bestand die Arbeitersiedlung im Osten der Stadt noch aus kleinen ein- bis zweistöckigen Häusern, so sollten in der Kolonie Südheim höhere Gebäude mit mehr Wohnraum entstehen. Backsteinbauten und Fachwerk sind der typische Baustil der kleinen Siedlung, die durch den *Verein für das Wohl der arbeitenden Klassen* gegründet wurde. Ziel des Vereins war es, größere und hellere Wohnungen für eine bessere Lebensqualität der kleinen Leute zu schaffen. Die Siedlung erstreckt sich zwischen der Seilbahn und dem Südheimer Platz. Dieser wurde später für Jahrzehnte von einer Autobrücke überspannt, da die B 14 direkt an Südheim vorbeigeführt wurde. Als die Bundesstraße in den 1990er-Jahren schließlich umgeleitet wurde, verlor auch die Brücke ihre Funktion und wurde 2004 abgerissen. Lediglich vier wuchtige Betonpfeiler sind erhalten geblieben und dienen heute als übergroße Straßenlaternen und als Wasserspiel auf dem neu gestalteten Platz.

IM SÜDEN

VILLA GEMMINGEN

VON ARMEE UND VORBILDERN

Die **Villa Gemmingen** ist eine der prächtigsten Villen in Stuttgart, aber aufgrund ihrer Lage weniger bekannt. Das Gebäude befindet sich am südlichen Hang der Karlshöhe und steht, umgeben von einem großen Privatgarten, nicht direkt an der Straße. Daher kann man nur Teile der Villa sehen und ihre Pracht erahnen. Der Industrielle Gustav Siegle ließ dieses stattliche Anwesen für seine jüngste Tochter Dora erbauen. Ihren Namen bekam die Villa schließlich von Friedrich Freiherr von Gemmingen-Hornberg, dem Gatten Doras. Siegle wählte für die Villa den vereinfachten Baustil eines spätbarocken Lustschlosses, für den auch Schloss Solitude ein Vorbild war. Dieser Bezug fällt vor allem beim Kuppeldach des Mittelbaus auf. Die Villa Gemmingen selbst diente ebenfalls als Vorbild für ein weiteres prächtiges Gebäude in der Stadt – der nur wenig später fertiggestellten *Villa Reitzenstein*. Dem heutigen Sitz des Staatsministeriums ist die Verwandtschaft eindeutig anzusehen. Von der Zerstörung im Zweiten Weltkrieg verschont geblieben, hatte die Villa Gemmingen eine wechselhafte Karriere hinter sich. Zunächst kamen dort Kommandos der französischen und der US-Armee unter, gefolgt von der Bundeswehr und dem Stuttgarter Polizeipräsidium. Ab den 1950er-Jahren war die Villa für Jahrzehnte Sitz des Landesdenkmalamts und befindet sich seit 2000 wieder in Privatbesitz.

WEISSENBURGPARK

Das beliebte Teehaus auf dem Bopser befindet sich mitten im Weißenburgpark. Die namensgebende Burg ließen die Grafen von Württemberg im 13. Jahrhundert oberhalb des heutigen Ausflugslokals erbauen. Doch bereits Anfang des 14. Jahrhunderts wurde diese im Reichskrieg wieder zerstört, und mehr als ihr Name – Weißenburg – hat die Zeit nicht überdauert.

IM SÜDEN

ZAHNRADBAHN

VON REISE
UND WAGGON

Bei ihrer Einweihung 1884 war die **Zahnradbahn**, die den Stuttgarter Süden mit Degerloch verbindet, die dritte ihrer Art in Deutschland. Die 15-minütige Fahrt hatte damals noch den Charakter einer kleinen Reise. Dampflokomotiven zogen und schoben je zwei Waggons den Berg hinauf und hinunter. In dem größeren Raucherwaggon fanden auch Fahrgäste mit Handgepäck Platz. Der kleinere Waggon war für Nichtraucher reserviert. Zu jener Zeit fuhr die Zahnradbahn lediglich sechsmal am Tag zu regulären Abfahrtszeiten in jede Richtung. Hatten jedoch mindestens 30 Personen in den Wagen Platz genommen, fuhr die Bahn auch außerplanmäßig. Seit 1904 sind auf der steilen Bahnstrecke elektrische Triebwagen im Einsatz, doch auch die alten Dampfloks durften die Strecke noch weitere zwölf Jahre, immer an den Wochenenden, bedienen. 1982 glich man die Triebwagen dem Design der Stadtbahnen an.

IM SÜDEN

ZAHNRADBAHNHOF

VON DEPOT UND RAMPE

Die Haltestelle der Zahnradbahn befand sich nicht immer auf dem Marienplatz. Seit ihrer Einweihung 1884 gab es jahrzehntelang ein eigenes Bahnhofsgebäude für die „Zacke". Dieser sogenannte Filder-Bahnhof lag jedoch einige Hundert Meter vom Straßenbahnanschluss am Marienplatz entfernt an der Filderstraße. Daher wurde die Trasse der Bahn ab 1936 kurz vor der Einfahrt in das Bahnhofsgebäude nach links umgeleitet, um zukünftig über eine Brücke hinunter zum Marienplatz geführt zu werden. Für diese Brücke musste an der Filderstraße auch ein Wohnhaus weichen. Diese Streckenführung besteht bis heute, ebenso die Abzweigung zur ursprünglichen Endhaltestelle. Denn auch der alte **Zahnradbahnhof** hat seinen Betrieb noch nicht gänzlich eingestellt. Zwar starten von hier aus keine Fahrten mit Reisenden nach Degerloch, aber als Depot für die Zahnradbahnen dient das Gebäude noch immer. Publikumsverkehr gibt es im Filder-Bahnhof auch heute noch. Denn das Gebäude – das 1907 in neobarocker Form umgebaut wurde – beherbergt seit 1992 das *Theater Rampe*. Als studentische Theatergruppe in den 1980er-Jahren gegründet, hat sich das Theater heute zu einem der führenden Autorentheater mit Stücken der Gegenwartsdramatik entwickelt.

IM OSTEN

126	BERGFRIEDHOF	131	LEUZE	135B	STÖCKACH
127	GAISBURGER KESSEL	132	SCHLOSSGARTEN	136	SÜDWESTRUNDFUNK
128	GAISBURGER KIRCHE	133	SCHWEINEMUSEUM	138	VILLA HAUFF
129	KULTURPARK BERG	134	STADTHALLE	139	WAGENBURGTUNNEL
130	LEO-VETTER-BAD	135A	STERNWARTE		

IM OSTEN

BERGFRIEDHOF

VON VILLA
UND GRABSTEIN

Der **Bergfriedhof** im Osten der Stadt ist schon mehrmals umgezogen. Der erste Gottesacker mit diesem Namen befand sich direkt im Dörfchen Berg, auf einem Hügel im Hof der gleichnamigen Kirche. Da dort nur wenig Platz vorhanden war, verlegte man den Friedhof 1825 ein paar Hundert Meter weiter den Hügel hinauf, auf ein damals unbebautes Gelände. Hier wurden unter anderem der Gründer des Mineralbades Berg – Friedrich Neuner –, die Familie Leuze und der Maschinenfabrikant Gotthilf Kuhn beigesetzt. Zwanzig Jahre später gab Kronprinz Karl den Bau seines Landhauses in Auftrag, das nun mit seiner Parkanlage direkt an den Bergfriedhof angrenzen sollte. Doch die Villa Berg war nicht der Grund, weshalb auch dieses Gräberfeld 1884 schlagartig geschlossen werden musste. Man sorgte sich vielmehr um die tiefer liegenden Mineralwasserquellen. Sie sollten nicht durch das Grundwasser unter dem Friedhof verunreinigt werden. Der dritte Standort des Friedhofs sollte daher an der Hackstraße angelegt werden – außerhalb von Berg. Fernab aller bekannten Mineralwasserquellen und der damaligen Wohngebiete. Viele Grabsteine, wie der von Neuner und der der Leuzes, übersiedelten ebenfalls. Noch heute stehen 15 Grabsteine am Rande des Parks der Villa Berg – teils verfallen und überwuchert – und erinnern an die Reise des Bergfriedhofs.

IM OSTEN

GAISBURGER GASKESSEL

Der Gaisburger Gaskessel hätte den Flugzeugen der Alliierten im Zweiten Weltkrieg einen guten Orientierungspunkt geboten. Daher versuchte man, ihn 1939 durch eine Bemalung zu tarnen. Es entstand auf seiner Hülle das riesige Bild einer Stadtlandschaft. Die Vorgabe hierfür stammte vom Stuttgarter Künstler Oskar Schlemmer. Trotz des Ablenkungsmanövers wurde der Kessel 1944 bombardiert und schwer beschädigt.

IM OSTEN

GAISBURGER KIRCHE

VON DEUTSCHLAND UND DORF

Im Osten der Stadt ist neben dem Gaskessel auch die **Gaisburger Kirche** weithin im Neckartal sichtbar. Dies jedoch weniger aufgrund ihrer Höhe als vielmehr wegen ihrer Lage. Das auf einer Anhöhe befindliche Dorf Gaisburg wurde 1901 nach Stuttgart eingemeindet. Eine kleine, baufällige Kirche gab es zu dieser Zeit bereits im Ort. Jedoch wollten sich die Neu-Stuttgarter ein prächtigeres Gotteshaus in exponierter Lage gönnen. Auf einer Hügelkuppe über dem Neckar sollte dieses entstehen. Der Standort war Grundvoraussetzung für alle Architekten, die ihre Entwürfe einreichen wollten. Der junge Martin Elsaesser – Architekt der Stuttgarter Markthalle – machte schließlich das Rennen. Er belegte nicht nur den ersten, sondern auch den dritten Platz des Architekturwettbewerbs. Für einen Kirchenbau im Jugendstil – mit barocken Grundformen – hatten sich die Gaisburger schließlich entschieden. Die Einweihung fand 1913 statt. Heute thront die Kirche in hellen weiß-beigen Farben auf dem kleinen Hügel, geplant war sie jedoch ursprünglich mit einem dunkelroten Anstrich. Nur wenig hat sich seither an der Optik des Gotteshauses geändert, und so zählt die Gaisburger Kirche – neben der Markuskirche im Süden Stuttgarts – zu einem der wenigen Jugendstilkirchenbauten in Deutschland.

IM OSTEN

KULTURPARK BERG

VON MEDIEN UND LAZARETT

In Stuttgart-Ost gab es einst ein großes militärisches Areal. Unter der Bezeichnung **Kulturpark Berg** wurde in den 1980er-Jahren ein ehemaliges Militärlazarett zu einem Areal für Medien, Kunst und Kreativität umgestaltet. Die Lage für das Lazarett wurde 1901 nicht willkürlich ausgewählt. Ihm gegenüber an der Teckstraße entstand bereits sechs Jahre zuvor die Bergkaserne. Heute befindet sich das Hauptzollamt auf diesem Gelände. Im Gegensatz zur Kaserne haben die alten Backsteinbauten des Lazaretts die Zeit überdauert. Das Krankenhaus wurde als sogenannter Pavillontyp angelegt. Durch mehrere separate Baukörper, die sich um eine Parkanlage gruppieren, wollte man die Ausbreitung von Seuchen möglichst vermeiden. In den beiden Hauptgebäuden, die sich am Park gegenüberliegen, befinden sich heute die 1918 gegründete *Merz-Akademie* – eine Hochschule für Gestaltung, Kunst und Medien – und das *Haus des Dokumentarfilms*. Der SWR und die Kriminalpolizei waren hier ebenfalls eine Zeit lang Mieter. In kleineren Pavillonbauten wurden Patienten mit ansteckenden Krankheiten untergebracht. Das gesamte Garnisonslazarett war mit über 180 Betten für das Militär ausgestattet. Ein Restaurant, eine Galerie und ein Architekturbüro ergänzen heute die denkmalgeschützte Anlage.

IM OSTEN

LEO-VETTER-BAD

VON BÄDERN UND BÜCHSEN

Leo Vetter war die bekannteste Wasserratte der Stadt. Der Geheimrat gründete 1886 die *Stuttgarter Badegesellschaft AG*, die allen Gesellschaftsschichten die Möglichkeit bieten sollte, eine öffentliche Badeanstalt zu besuchen. Vor allem Frauen und Mädchen – die in Badeanstalten eher selten zu sehen waren – sollten hier zum Schwimmen animiert werden. Die Stadt Stuttgart und das Königshaus beteiligten sich ebenfalls an der Finanzierung des Bäderprojekts. Das erste Stadtbad entstand schließlich an der Büchsenstraße neben der alten Liederhalle. Im Volksmund wurde es daher auch Büchsenbad genannt. Es war ein prächtiges maurisches Bauwerk, das jedoch im Zweiten Weltkrieg vollkommen zerstört wurde. Seither gibt es im Bezirk Mitte kein eigenes Stadtbad mehr. 1910 folgte die Eröffnung des *Schwimmbad Ostheim*, dessen Betrieb später von der Stadt übernommen wurde. Diese Bäder waren der Startschuss für viele weitere Volksbäder, die unter der Regie der Stadt für die einfachen Leute entstehen sollten. Vetters Engagement für die Badekultur zahlte sich aus. Noch in den 1930er-Jahren hatte Stuttgart deutschlandweit die höchsten Besucherzahlen aller Badeanstalten. Zu Ehren des Badespezialisten trägt seit den 1960er-Jahren das anstelle des *Schwimmbad Ostheim* errichtete Hallenbad den Namen **Leo-Vetter-Bad**.

IM OSTEN

LEUZE

VON BRAND UND AMERIKA

Das in Cannstatt florierende Geschäft mit den Badekurgästen sollte auch zum Örtchen Berg, mit seinen zahlreichen Mineralwasserquellen, ans andere Neckarufer herüberschwappen. So entschloss sich der Fabrikant Augustin Koch 1842 dazu, eine firmeneigene Quelle zum Betrieb einer Badeanstalt in Berg umzunutzen. Im Jahr 1851 besuchte auch die Familie Leuze das Mineralbad. Zwar hatte diese bereits beschlossen, Württemberg den Rücken zu kehren und ihr Glück in Amerika zu suchen, doch Frau Leuze plagte der Rheumatismus. Sie wollte diesen vor der Reise durch das Heilwasser lindern. Dies geschah dann auch so schnell und erfolgreich, dass ihr Gatte, Ludwig Leuze, die Auswanderungspläne über Bord warf und die gesamte Badeanstalt kurzerhand aufkaufte. Über vier Generationen blieb das Mineralbad in Familienbesitz der Leuzes. Selbst als das Bad bereits an die Stadt Stuttgart übergegangen war, blieb der vierte Leuze mit dem Namen Ludwig Pächter des Bads. Letztlich opferte dieser sogar sein Leben für das Familienunternehmen. Als durch die Luftangriffe 1944 auch das Mineralbad in Brand geriet, versuchte Ludwig Leuze, diesen mit aller Macht zu löschen. Dabei zog er sich so schwere Verbrennungen zu, dass er kurze Zeit später verstarb. Den Namen **LEUZE** behielt die Stadt für das beliebte Mineralbad auch nach Ludwigs Tod bei. 1983 erhielt das Bad schließlich sein heutiges Aussehen – mit dem markanten Anstrich und den Skulpturen des Künstlers Otto Herbert Hajek.

SCHLOSSGARTEN

Anfang des 19. Jahrhunderts wurde der Schlossgarten angelegt. Zu dieser Zeit entstand auch die imposante Platanenallee in den unteren Anlagen. Auf einer 1,5 Kilometer langen Strecke zieht sie sich von der Figurengruppe *Rossebändiger,* nahe dem Neckartor, bis zum Schloss Rosenstein. Die Platanenallee wurde jedoch nicht auf das Schloss, sondern genau auf den Turm der Cannstatter Stadtkirche ausgerichtet. Erst 1998 bekam sie auch einen offiziellen Namen: Felix-Mendelssohn-Bartholdy-Allee.

IM OSTEN
SCHWEINEMUSEUM

VON SÄULI UND GUINNESS

Im alten Stuttgarter Schlachthof muss heute keine Sau mehr ihr Leben lassen. Ganz im Gegenteil, das Schwein wird hier geehrt. Die Liebe zu diesem Tier veranlasste Erika Wilhelmer, 1989 in Bad Wimpfen ihr eigenes Schweinemuseum zu eröffnen. Alles rund um die grunzenden Gesellen war hier zu finden. Die Sammlung wuchs stetig weiter, bis 1992 sogar das *Guinness-Buch der Rekorde* bescheinigte, dass es sich um das größte Schweinemuseum der Welt handelt. Rund 20 Jahre nach dem Start des Museums waren schließlich größere Räumlichkeiten nötig. 2010 erfolgte daher der Umzug nach Stuttgart. Ironischerweise sollten die über 50.000 Exponate ausgerechnet im ehemaligen Schlachthof auf rund 600 Quadratmetern Ausstellungsfläche eine neue Heimat finden. Ob Plüsch, Gold, Holz, Porzellan oder Glas – es scheint keine Sau der Welt zu geben, die es nicht in einen der 28 Themen- und Sonderausstellungsräume im **Schweinemuseum** in Gaisburg geschafft hat. Das größte Exponat ist dabei die ausgemusterte, rosafarbene Säuli-Tram aus Basel. Die Familie Wilhelmer ist in Stuttgart vor allem für ihre Gastronomiebetriebe bekannt und betreibt somit ein Restaurant im alten Schlachthof. Die Liebe zum Schwein geht offensichtlich auch durch den Magen. Denn dort findet man Schweinshaxe und Schweinsbäckle auf der Karte.

IM OSTEN

STADTHALLE

VON MEHRZWECK UND BESUCHERN

Die 1983 eingeweihte Hanns-Martin-Schleyer-Halle ist Stuttgarts größte Mehrzweckhalle. Seit der Modernisierung im Jahr 2006 finden dort bis zu 15.500 Besucher Platz. Sie war jedoch nicht die erste Halle für Großveranstaltungen in der Stadt. Bereits 1926 öffnete an der Neckarstraße im Bezirk Ost die **Stadthalle** ihre Tore für Kultur- und Sportveranstaltungen mit bis zu 10.000 Besuchern. Der recht nüchterne Holz- und Backsteinbau strahlte jedoch eher den Charme einer riesigen Sporthalle aus. Zirkusaufführungen fanden hier ebenso statt wie Faschingsfeiern, Rollhockey-Turniere oder Boxkämpfe. Jedoch sollte vor allem eine politische Veranstaltung die Stadthalle berühmt machen. Adolf Hitler hielt hier 1933 seine erste, bundesweit im Radio ausgestrahlte Rede. Im später folgenden Krieg, den ebenjener Politiker ausgelöst hatte, sollte 1944 auch die Stuttgarter Stadthalle im Bombenhagel zerstört werden. Die Ruine der Mehrzweckhalle wurde anschließend abgerissen und Jahrzehnte später an ihrer Stelle das Funkhaus des Süddeutschen Rundfunks – des heutigen SWR – erbaut. Doch selbst die Stadthalle hatte noch einen Vorgänger. Als erste städtische Mehrzweckhalle kann man nämlich die Alte Reithalle hinter dem Bosch-Areal bezeichnen. Sie war bereits Ende des 19. Jahrhunderts eine Art „Halle für alle".

IM OSTEN

STERNWARTE

Auch in Stuttgart kann man seit fast 100 Jahren die Sterne beobachten. Der Verein *Schwäbische Sternwarte* ließ hierfür 1922 auf der Uhlandshöhe eine eigene Sternwarte erbauen. Ehrenamtliche Vereinsmitglieder erklären der interessierten Bevölkerung seither den Nachthimmel. Von 1940 bis 1944 wurde die Sternwarte jedoch von den Nationalsozialisten zweckentfremdet. Man ließ die Kuppel vom Turm entfernen und ersetzte das Teleskop gegen eine Flugabwehrkanone. Bereits zwei Jahre nach Kriegsende war die Sternwarte jedoch wieder Teil des kulturellen Lebens der Stadt.

STÖCKACH

Den meisten Stuttgartern ist der Name Stöckach wohl bekannt. Aber woher stammt er? Als das Gebiet des gleichnamigen Stadtteils noch weit vor den Toren der Stadt lag, gab es dort bis zum 14. Jahrhundert einen Wald. Durch Brandrodung wurde eine Weidefläche geschaffen. Die abgebrannten Baumstümpfe – Stöcke genannt – blieben lange Zeit sichtbar vorhanden. Es wird angenommen, dass sich der Name von diesen Stöcken herleitet.

IM OSTEN
SÜDWESTRUNDFUNK

VON REICHSPOST UND FUNK

Die Geschichte des **Südwestrundfunks** (SWR) zieht sich entlang der Neckarstraße im Stuttgarter Osten. Begonnen hatte alles bereits 1945, als die damalige Radioanstalt Süddeutscher Rundfunk (SDR) die Adresse Neckarstraße 145 – direkt am Stöckach gelegen – zu ihrem Hauptsitz machte. Dort bezog man ein ehemaliges Bürogebäude der Reichspost, in dem zuvor das Telegraphenbauamt ansässig war. Das Gebäude von 1930 mit seiner markanten abgerundeten Hauskante war jedoch nur bedingt für den Sendebetrieb geeignet. Aus Platzmangel ergänzte man es 1954 jedoch durch einen Erweiterungsbau. Seinen ersten Sendesaal richtete der SDR 1951 in der Villa Berg ein. Acht Jahre später wurden im Park der Villa zunächst ein eigenes Funk- und 1965 ein Fernsehstudio eingeweiht. Die eher provisorische Unterbringung am Stöckach trieb die Pläne für einen Neubau voran. Dieser sollte am Rand des bereits genutzten Parks der Villa Berg, am unteren Ende der Neckarstraße entstehen. Der Architekt Rolf Gutbrod entwarf einen Komplex aus mehreren Baukörpern – unter anderem ein Hochhaus –, der 1976 fertiggestellt wurde. Den alten Standort am Stöckach, nur rund 700 Meter entfernt, gab man auf. Er wurde ein Jahr später von der Staatsanwaltschaft Stuttgart bezogen, die dort noch heute ansässig ist. Bei der Einweihung galt das neue Funkhaus mit seinem 18-stöckigen Turm als das modernste Europas. Doch auch die Studios in der Villa Berg und ihrem Park waren nach 50-jährigem Betrieb nicht mehr zeitgemäß. Daher entstand bis 2011 ein weiteres Funkhaus direkt neben dem Hochhaus an der Neckarstraße.

IM OSTEN

SÜDWESTRUNDFUNK

VON SDR UND SWR

1924 wurde mit der *Süddeutschen Rundfunk AG* (SÜRAG) Stuttgarts erster Radiosender gegründet. Zur NS-Zeit wurde dieser jedoch in *Reichssender Stuttgart* umbenannt und somit ein Teil des *Großdeutschen Rundfunks*, der 1945 eingestellt wurde. Gleich nach Ende des Krieges gründeten die amerikanischen Besatzer den neuen Sender *Radio Stuttgart*. Doch bereits vier Jahre später sollte dieser den altbekannten Namen *Süddeutscher Rundfunk* zurückerhalten. Kurz darauf war der SDR auch eines der Gründungsmitglieder der ARD. Das heutige Land Baden-Württemberg war nach dem Krieg in zwei Besatzungszonen aufgeteilt. Der SDR, mit Sitz in Stuttgart, war für den Radioempfang im nördlichen, amerikanischen Bereich verantwortlich. In der südlichen Besatzungszone der Franzosen erfüllte diese Aufgabe der *Südwestfunk* (SWF). Auch nach Gründung des Bundeslandes Baden-Württemberg 1952 wurden beide Sender weitergeführt und standen über Jahrzehnte in direkter Konkurrenz zueinander. Baden-Württemberg war somit das einzige Bundesland, in dem zwei Landesrundfunkanstalten existierten. Erst 1998 wurde dieser Zustand durch die Fusion der beiden Sender beendet. Der SDR und der SWF sollten fortan als **Südwestrundfunk** (SWR) für das Fernseh- und Radioprogramm in ganz Baden-Württemberg und in Rheinland-Pfalz verantwortlich sein. Der SWR – mit den drei Hauptsitzen in Stuttgart, Baden-Baden und Mainz – ist heute die zweitgrößte Rundfunkanstalt der ARD.

IM OSTEN
VILLA HAUFF

VON WERKSTATT UND CHAUFFEUR

Der Bezeichnung „Villa" wird das Wohnhaus des Chemiefabrikanten Friedrich Hauff auf der Uhlandshöhe kaum gerecht. Mit seinen Türmchen, Erkern und seinen massiven Mauern erscheint die **Villa Hauff** eher wie eine romantische Burg oder ein Schlösschen. Auf einer Anhöhe an der Ecke Wagenburg- und Gerokstraße gelegen, ist das prächtige Gebäude – das 1904 fertiggestellt wurde – kaum zu übersehen. Am Fuß des Hangs befindet sich ein kleines Fachwerkhaus, das ebenfalls zum Anwesen Hauffs gehörte. Es wurde seinerzeit als Chauffeurshäuschen samt Garage errichtet. Denn Friedrich Hauff war einer der ersten Stuttgarter, die ein eigenes Automobil besaßen. In den 1930er-Jahren verkaufte die Familie das Anwesen an die Stadt. Kurz darauf wurde die Villa 1939 von der SS beschlagnahmt. Nachdem das Gebäude den Zweiten Weltkrieg nahezu unbeschadet überstanden hatte, zog dort vorübergehend das US-Konsulat ein. Seit 1953 nutzt die Stuttgart Jugendhaus Gesellschaft die Villa Hauff unter dem Namen „Werkstatthaus" für den künstlerischen und kreativen Austausch.

IM OSTEN

WAGENBURGTUNNEL

VON SCHUTZRAUM UND OST

Der **Wagenburgtunnel** – der die Stuttgarter City mit dem Osten der Stadt verbindet – war bei seiner Einweihung 1958 mit 824 Metern der längste Straßentunnel Deutschlands. Geplant war diese Verbindung bereits in den 1920er-Jahren, doch fehlte damals das Geld für ein so großes Bauprojekt. Als es in den 1940er-Jahren auch für die Stadt Stuttgart zur Pflicht wurde, ausreichend Schutzräume für ihre Bürger zu schaffen, schlug man schließlich zwei Fliegen mit einer Klappe. Ab 1941 begann man damit, zwei Röhren für den Autotunnel durch den Berg zu graben, der zudem als Schutzraum für rund 15.000 Menschen dienen sollte. Als die Stadt im Zweiten Weltkrieg mehrmals bombardiert wurde, war der Wagenburgtunnel jedoch noch längst nicht fertiggestellt. Aus Kostengründen und um den Bezirk Ost nicht noch stärker mit Verkehr zu belasten, entschied man, nach Kriegsende lediglich eine der beiden Röhren zu beenden. Durch diese Südröhre fuhr dann 1958 das erste Auto. Die unfertige Nordröhre wurde später zum Fluchtweg für den benachbarten Autotunnel ausgebaut. Der bereits fertiggestellte Abschnitt auf der Innenstadtseite diente für viele Jahre dem Klub *Röhre* als Veranstaltungsort. Zukünftig wird dieser Teil der Nordröhre jedoch als Rettungszufahrt für die darunter verlaufenden Eisenbahntunnel benötigt.

IM WESTEN

142	BÄRENSCHLÖSSLE	147	HASENBERGTURM	153	SOLITUDE-ALLEE
143	BASF	148	MOLTKEPLATZ	154	ST. FIDELIS
143A	ERNST KLETT AG	149	ROSENAU	155	WASSERWERK
145	GÄNSEPETERBRUNNEN	150	ROTKREUZ		HASENBERG
146	GEFÄNGNIS	151	SCHLOSS SOLITUDE		

IM WESTEN

BÄRENSCHLÖSSLE

VON SCHLOSS UND SCHLÖSSLE

Oberhalb des Bärensees im Rotwildpark ließ Herzog Carl Eugen im 18. Jahrhundert einen Jagdpavillon errichten. Dieses sogenannte **Bärenschlössle** lag am Ende einer rund drei Kilometer langen Straße, die von Schloss Solitude durch den Wildpark bis zum Bärensee führte. Da sich der Herzog oft und gerne im Wildpark zur Jagd aufhielt, war auch das Bärenschlössle mit allem nötigen Prunk ausgestattet. Im Bärensee schwammen daher auch zwei echte venezianische Gondeln, die der Herzog von einer Italienreise mitgebracht hatte. In veränderter Form ließ König Wilhelm I. später einen neuen Jagdpavillon an selber Stelle errichten. Dieses neue Bärenschlössle ist noch heute ein beliebtes Ausflugsziel der Stuttgarter.

BASF

An der Knospstraße – einst eine Privatstraße nahe dem Feuersee – siedelten sich ab den 1840er-Jahren zwei große Chemiefirmen an. Die *Knosp'sche Fabrik* und die Firma *G. Siegle & Co.* lagen sich direkt gegenüber. Der Konkurrenzdruck zu jener Zeit war groß, und so fusionierten beide Fabriken 1873 mit der *Badischen Anilin- und Sodafabrik*, deren Firmenname man gemeinsam weiterführte. Der Sitz dieser dritten Firma war in Ludwigshafen direkt am Rhein und hatte damit einen klaren Standortvorteil. Daher entschied man sich für den gemeinsamen Hauptsitz in Ludwigshafen. Die Firma trägt weiterhin den Namen BASF und ist der größte Chemiekonzern der Welt.

IM WESTEN
ERNST KLETT AG

VON HOBBIT UND FANTASTIK

Der Hobbit wanderte 1969 in Stuttgart ein. Dabei geholfen hatte ihm der Verleger Michael Klett, der den besonderen Reiz des Romans *Der Herr der Ringe* von J. R. R. Tolkien erkannte. Er sicherte sich daher von dem britischen Autor die Rechte an der deutschen Übersetzung seiner Bücher. Klett gab der Sparte Fantasy innerhalb des *Ernst Klett Verlags* schon kurz darauf eine eigene Marke. Unter dem Namen *Hobbit Presse* erscheinen noch heute die Bücher aus dem Bereich Fantastik. Den Stuttgarter *Ernst Klett Verlag* kennen viele jedoch vor allem noch aus ihrer Jugend, da er der größte Schulbuchverlag Deutschlands ist.

Gegründet wurde der Verlag 1897 von Ernst Klett und wuchs am Hauptsitz an der Rotebühlstraße stetig weiter. Heute gehören 67 Unternehmen in 15 Ländern zum Mutterkonzern **Ernst Klett AG.** Damit ist er der drittgrößte Verlag der Bundesrepublik. Zu seinen Tochterfirmen zählen beispielsweise – neben dem genannten Bildungsverlag – der Belletristik- und Sachbuchverlag *Klett-Cotta* und der Wörterbuchverlag *PONS*. Stuttgart war schon immer eine Stadt der Verlage und ist daher noch heute der drittgrößte Verlagsstandort Deutschlands.

IM WESTEN

GÄNSEPETER-BRUNNEN

Der Gänsepeterbrunnen steht am unteren Ende der Hasenbergsteige – der ehemaligen Straße nach Calw. Auf einem Sockel thront dort ein junger Hirte, der versucht, seine Gänse im Zaum zu halten. Der schöne Brunnen an der Ecke Reinsburgstraße wurde 1901 aufgestellt und soll an die Zeit erinnern, als zum Martinstag noch scharenweise Gänse aus den Dörfern im Umland zum Markt in der Stadt getrieben wurden.

IM WESTEN

GEFÄNGNIS

VON ZUCHTHAUS UND MÖRDERN

Wohnen im Knast. Im Stuttgarter Westen ist das möglich. Mitte des 19. Jahrhunderts lag der Feuersee noch rund einen Kilometer außerhalb der Stadt, und um ihn herum gab es reichlich freien Bauplatz. Daher beschloss man, unweit des Sees – an der heutigen Senefelderstraße 45 – ein **Gefängnisgebäude** zu errichten. Das sogenannte *Pönitentiarhaus* nahm 1850 seinen Betrieb auf und war lediglich für die Unterbringung von Schwerverbrechern vorgesehen. 120 lebenslänglich Inhaftierte mussten dort tagsüber stillschweigend Arbeiten verrichten. Auch drei Hinrichtungen von Mördern durch die Guillotine fanden in dem Gefängnis statt. Ende des 19. Jahrhunderts hatte sich die Innenstadt jedoch immer weiter in Richtung Westen ausgedehnt. Fabriken und Wohnhäuser umgaben plötzlich das Zuchthaus. Auch die starke Überbelegung mit mehr als 160 Sträflingen machte einen Gefängnisneubau in Ludwigsburg notwendig. Ab 1900 stand das wuchtige Gebäude schließlich leer. Im Hinterhof eines großen Miethauses versteckt, stehen vom ehemaligen *Pönitentiarhaus* heute noch der Zentralbau und der Verwaltungstrakt. Nach verschiedenen Zwischennutzungen wurde das Gebäude in den 1980er-Jahren schließlich zum Wohnhaus umgebaut.

HASENBERG-TURM

Lange vor dem Fernsehturm hatte Stuttgart bereits einen anderen Turm als Wahrzeichen. 1879 wurde auf dem Hasenberg ein 36 Meter hoher Aussichtsturm aus rotem Sandstein erbaut. Da der Hasenberg mit über 450 Metern Höhe bereits eine der höchsten Erhebungen der Stadt war, war die Aussicht vom Hasenbergturm grandios. Da der Turm im Zweiten Weltkrieg den Flugzeugen der Alliierten als Orientierungspunkt hätte dienen können, wurde er 1943 von der SS gesprengt. Vom Turm existiert heute nur noch ein fünf Meter hoher Stumpen mitten im Wald.

IM WESTEN

MOLTKEPLATZ

VON FELDMARSCHALL UND PROSTITUIERTEN

Wo sich heute der **Moltkeplatz** befindet, stand noch bis 1966 eine burgartige Infanteriekaserne. Diese wurde 1886 erbaut und nach dem preußischen Generalfeldmarschall Helmuth Graf von Moltke benannt. Zunächst waren in der Kaserne die Soldaten der württembergischen Armee untergebracht, und nach dem Ende der Monarchie zog dort die Polizei ein. Ab 1937 bis zum Ende des Zweiten Weltkriegs waren in dem Gebäude die Soldaten der Wehrmacht stationiert. Im Krieg wurde die Kaserne kaum beschädigt, und so nutzte man sie als Lagerraum, richtete Werkstätten ein und siedelte dort die städtische Hautklinik an. In dieser mussten sich fortan alle Prostituierten auf ihren Gesundheitszustand untersuchen lassen. Da sich diese dann direkt vor Ort ihre Freier suchten, galt die Gegend rund um die ehemalige Kaserne lange als Problemviertel. In den 1960er-Jahren zeigten dann die U.S. Army und die Bundeswehr Interesse an dem Bauwerk. Die Stadt Stuttgart ließ die alte Kaserne jedoch im selben Jahrzehnt abreißen. Den dadurch frei werdenden Platz wollte man jedoch nicht nach dem Kriegshelden Moltke benennen. Stattdessen entschied man sich, einen anderen Moltke zu ehren. Der Platz wurde daher nach dem Großneffen des Feldmarschalls, Helmuth James Graf von Moltke, benannt – einem Widerstandskämpfer im Zweiten Weltkrieg.

IM WESTEN

ROSENAU

VON FINSTERNIS UND KABARETT

Eine Kulturstätte der etwas anderen Art befindet sich an der Rotebühlstraße. Die **Rosenau** verbindet Kulinarisches mit Künstlerischem. Schon 1894 wurde das Gebäude erbaut und erst von der angrenzenden Brauerei Bachner, später von der Brauerei *Wulle* als Gaststätte genutzt. Bereits Anfang des 20. Jahrhunderts etablierten sich auf der vorhandenen Bühne Aufführungen einer Laientheatergruppe. Ihren guten Ruf als Szenelokal und Kleinkunstbühne hat die Rosenau seit 1992, als man unter neuer Leitung vor allem weniger bekannte Künstler in das Programm aufnahm. So traten hier erstmalig in Stuttgart unter anderem Michael Mittermaier, Kaya Yanar und Ingo Appelt auf. Seit 2002 liegen die Schwerpunkte der Kulturstätte vor allem auf Kabarett, Comedy, Lesungen und den beliebten Poetry Slams. Auch gegessen und getrunken wird in der Rosenau noch immer. Ein besonderes gastronomisches Erlebnis ist das Dunkelrestaurant. Schlemmen in absoluter Finsternis hat auch in Stuttgart seine Fans gefunden.

ROTKREUZ

Henry Dunant – der erste Friedensnobelpreisträger der Welt – lebte Ende des 19. Jahrhunderts für elf Jahre an der Hasenbergsteige in Stuttgart. Er gilt als Begründer der Internationalen Rotkreuz-Bewegung von 1863. Noch im selben Jahr wurde – unter anderem auf Dunants Anregung hin – in Stuttgart der *Württembergische Sanitätsverein* gegründet. Diese Organisation wurde zur ersten nationalen Rotkreuz-Gesellschaft weltweit. Königin Olga übernahm deren Leitung, und Henry Dunant wurde zum Ehrenpräsidenten des Vereins ernannt.

IM WESTEN
SCHLOSS SOLITUDE

VON DORNRÖSCHEN UND AUDIENZ

Am Lustschloss **Solitude** verlor der Bauherr, Herzog Carl Eugen, recht schnell das Interesse. Schon wenige Jahre nach dessen Fertigstellung besuchte er das kleine Schloss nicht mehr und konzentrierte sich auf den Bau von Schloss Hohenheim. In seiner kurzen Blütezeit wurde Schloss Solitude lediglich für repräsentative Zwecke genutzt. Neben einem Musikzimmer und einem Ballsaal wurden jedoch auch komplett ausgestattete Privaträume für den Herzog eingerichtet. Einem Empfangszimmer schließen sich unter anderem eine Bibliothek und ein Schlafzimmer an. Jedoch ist keine einzige Audienz im Schloss tatsächlich schriftlich überliefert. Der Herzog verbrachte wohl auch keine einzige Nacht im Schloss und las nie ein Buch in seiner Bibliothek. Belegt ist hingegen, dass Carl Eugen sich im separat gelegenen Kavaliersbau – in dem sich heute ein Restaurant befindet – eine schlichte Wohnung einrichten ließ und sich dorthin öfter zurückzog. Als Schloss Solitude schließlich ausgedient hatte, wurde die Innenausstattung teilweise auf andere Schlossanlagen verteilt. Selbst der sehr aufwendig gestaltete Holzboden wurde größtenteils wieder entfernt und in anderen Gebäuden neu verlegt. Das Lustschloss verfiel in einen Dornröschenschlaf.

IM WESTEN

SCHLOSS SOLITUDE

VON VERGESSENHEIT UND EINSAMKEIT

„Solitude" bedeutet „Einsamkeit". Seiner Lage in der Einsamkeit, mitten im Wald, verdankt das Lustschloss jedoch, dass es als einziges der fünf Stuttgarter Schlösser, neben Rosenstein, Hohenheim, Neuem und Altem Schloss, im Zweiten Weltkrieg nicht zerstört wurde. Aufgrund seiner Abgeschiedenheit wurde **Schloss Solitude** jedoch auch sehr stiefmütterlich behandelt und geriet – nachdem selbst sein Bauherr sich nicht mehr für das Lustschloss interessierte – fast in Vergessenheit. Mitte des 20. Jahrhunderts war Schloss Solitude daher auch ganz ohne Kriegsschäden in einem sehr schlechten Zustand. Die Dächer waren marode und die Deckengemälde und Deckenfresken durch das eingedrungene Regenwasser fast gänzlich zerstört. In den 1970er-Jahren begannen daher Renovierungsarbeiten, die fast zehn Jahre andauern sollten. Nicht mehr erhalten ist jedoch die riesige Gartenanlage, die fast die Größe der damaligen Stuttgarter Innenstadt erreichte. Irrgärten, Orangerien, Seen mit Inseln, Alleen und Pavillons waren finanziell nicht lange zu halten. So war bereits um 1800 der Großteil der Anlage wieder verschwunden. Friedrich Schillers Vater, Johann Caspar, war bis zu seinem Tod der Gartenintendant der Anlagen auf Schloss Solitude.

SOLITUDE-ALLEE

Von Schloss Solitude führte eine 13 Kilometer lange, schnurgerade Allee auf Ludwigsburg zu. Dass die Straße nicht zum Neuen Schloss in Stuttgart führt, liegt daran, dass sich dieses beim Baubeginn des Lustschlosses Solitude 1764 selbst noch im Bau befand. Herzog Carl Eugen residierte daher zu jener Zeit im Ludwigsburger Schloss. Vom Lustschloss aus ist noch heute gut zu erkennen, wie sich die **Solitude-Allee** einst durch die Bezirke Weilimdorf und Stammheim bis nach Ludwigsburg zog.

IM WESTEN

ST. FIDELIS

VON ROM
UND PARADIES

Die Kirche **St. Fidelis** bot bei ihrer Einweihung einigen Stoff für Diskussionen. Zunächst einmal erscheint das Bauwerk an der Seidenstraße weit älter, als es tatsächlich ist. Mit seinem vorgelagerten Atrium-Hof – solche von Säulen umstandene Höfe werden auch Paradies genannt – erinnert der Baustil eher an frühchristliche Kirchenbauten, wie man sie beispielsweise aus Rom kennt. Das Gotteshaus wurde jedoch 1925 eingeweiht. Zu einer Zeit also, als der schlichte Bauhausstil modern war. Ein weiterer Aufreger war die Namensgebung. Im protestantischen Stuttgart sah man es gar nicht gern, dass die katholische Kirche ausgerechnet nach einem Märtyrer der Gegenreformation benannt wurde. Der Kapuzinerpater Fidelis von Sigmaringen bot den Reformern die Stirn und wurde aus diesem Grund 1622 in der Schweiz ermordet.

IM WESTEN

WASSERWERK HASENBERG

VON DONAU UND BODENSEE

Die rund 350 Meter Höhenunterschied im Stuttgarter Stadtgebiet machen die Wasserversorgung zur anspruchsvollsten der Republik. 44 Wasserspeicher mit einem Fassungsvermögen von 170.000 Kubikmetern versorgen die Stadt mit Trinkwasser. Hierfür waren über Jahrhunderte die fünf Parkseen im Rot- und Schwarzwildpark zuständig. Ab Mitte des 16. Jahrhunderts wurden zu diesem Zweck der Pfaffen- und der Bärensee angelegt. Über 200 Jahre später entstanden als Erweiterung der Steinbach- und der Katzenbachsee. Mit dem fünften und größten Gewässer – dem Neuen See – entstand ab 1833 die letzte Anlage im Wald. Das Wasser der Seen wurde schließlich direkt zum neu errichteten **Wasserwerk Hasenberg** über den Westen geleitet, um dort aufbereitet und weiterverteilt zu werden. Dieses Bauwerk von 1874 ist noch heute als ältester Wasserspeicher der Stadt in Betrieb. Die Parkseen wurden als Trinkwasserlieferanten erst 1998 vom Netz genommen und dienen nur noch als Notwasserlieferanten. Die Stuttgarter trinken heute zweierlei Wasser. Aus den Wasserhähnen in den Neckarvororten, Teilen von Stuttgart-Ost und Zuffenhausen sprudelt Mischwasser der Landeswasserversorgung, das sich aus Grundwasser, Quellwasser und Donauwasser zusammensetzt. Das restliche Stuttgart wird mit Bodenseewasser versorgt.

IM NECKARTAL

NECKAR

Der Neckar ist 362 Kilometer lang, fließt jedoch lediglich 15 Kilometer auf Stuttgarter Gemarkung. Sein Name leitet sich von der keltischen Bezeichnung „nik" ab, das „losstürmen" bedeutet. Er wandelte sich über „Nikros", „Nacarus" und „Neccarus" zu „Necker" bis hin zur heutigen Wortform „Neckar".

IM NECKARTAL
BAD CANNSTATT

BURGHOLZ-HOFTURM

Der Cannstatter Verschönerungsverein veranlasste 1891 den Bau eines 25 Meter hohen Aussichtsturms auf dem höchsten Punkt des Burgholzhofs. Da die antike Baukunst zu jener Zeit im Deutschen Reich wieder sehr beliebt war und die Gründung Cannstatts zudem auf die Römer zurückgeht, wurde das Bauwerk im Stil eines römischen Wachturms erbaut. Für militärische Zwecke kam der Burgholzhofturm dann tatsächlich noch zum Einsatz, als man ihn im Zweiten Weltkrieg als Aussichtsposten gegen die sich nähernden Bomber der Alliierten nutzte.

IM NECKARTAL
BAD CANNSTATT – CANNSTATTER WASEN

VON FUSSBALL UND SCHAFEN

Der **Cannstatter Wasen** war nicht immer nur ein Festgelände. Ursprünglich eine große, sumpfige Wiese, grasten hier Schafe. Zum damaligen Wasen gehörten auch die Flächen der heutigen Sportstätten. Zirkusgastspiele fanden hier schon vor rund 150 Jahren statt. Ab Mitte des 19. Jahrhunderts wurde auf diesem Gelände auch gekickt. Der Wasen gilt als eine der ersten Fußballspielstätten in Deutschland. Auch das Militär nutzte das Areal als Exerzierplatz, bis es dem Flugverkehr weichen musste. Ein Vierteljahrhundert – bis 1924 – war der Wasen der städtische Flugplatz. Vielen politischen Großkundgebungen bot das Areal am Neckar ebenfalls Platz. Sportveranstaltungen und Rockkonzerte runden bis heute das Angebot auf dem Cannstatter Wasen ab. Vor all diesen unterschiedlichen Nutzungen – die Schafe ausgenommen – fand hier jedoch das erste Volksfest bereits 1818 statt.

IM NECKARTAL
BAD CANNSTATT – CANNSTATTER WASEN

VON OBST UND GEMÜSE

An den Ursprung des Cannstatter Volksfests als landwirtschaftliches Fest erinnert noch heute dessen Wahrzeichen – die Fruchtsäule. Schon beim ersten Landwirtschaftsfest 1818 errichtete man auf dem Festgelände eine Säule, geschmückt mit Getreide, Obst und Gemüse. Diese kam fortan bei jedem landwirtschaftlichen Fest – bis zum Ersten Weltkrieg – zum Einsatz. Nach dem Ende der Monarchie wurde die Fruchtsäule für einige Jahre nicht wieder aufgestellt. Da sie ursprünglich von König Wilhelm I. gestiftet wurde und zudem königsblau bemalt war, betrachteten sie viele als ein Überbleibsel der alten Monarchie und als nicht mehr zeitgemäß. Rund zwei Jahrzehnte später sah man dies jedoch wieder anders, und so wurde die Fruchtsäule zum Volksfest 1935 abermals aufgestellt, um damit an alte Traditionen anzuknüpfen. Die aktuelle Säule stammt aus dem Jahr 1972 und ist in Form, Umfang und Farbe dem historischen Vorbild nachempfunden. Unter ihrer hölzernen Hülle befindet sich eine Stahlkonstruktion. Die 26 Meter hohe und rund drei Tonnen schwere Fruchtsäule ist jedoch nicht der einzige Hinweis auf den landwirtschaftlichen Ursprung des Fests. Alle vier Jahre findet parallel zum Volksfest das *Landwirtschaftliche Hauptfest* auf dem **Cannstatter Wasen** statt – die größte Fachausstellung für Forst- und Landwirtschaft in Süddeutschland.

IM NECKARTAL

BAD CANNSTATT – CANNSTATTER WASEN

VON HUNDEN
UND BUDEN

Das *Stuttgarter Frühlingsfest* auf dem **Cannstatter Wasen** ist das größte Frühlingsfest Europas. Interessant ist, dass man zwar 2018 offiziell das 80. Jubiläum des Volksfests feierte, aber eigentlich unklar ist, wann das erste Frühlingsfest tatsächlich stattfand. Als Vorfahre gilt ein Pferde- und Hundemarkt von 1914. An diesen soll sich 1934 das erste Frühlingsfest angeschlossen haben. Das Fest dauert mehr als drei Wochen und ist somit ein großer Wirtschaftsfaktor in Stuttgart. Rund 10.000 Menschen arbeiten direkt oder indirekt für dieses Spektakel. Circa 1.000 Personen sind jeden Festtag im Einsatz. Sie arbeiten unter anderem für die über 240 Betriebe auf dem Wasen. Der Energieverbrauch entspricht dem einer Stadt mit 20.000 Einwohnern. Wenn man alle Buden, Stände und Attraktionen ansteuert, hat man rund 3,5 Kilometer hinter sich gebracht.

IM NECKARTAL
BAD CANNSTATT – EISENBAHNBRÜCKE

VON VOLKSLIED UND ULM

Es wird wohl kaum einen Schwaben geben, der das alte Volkslied „Auf de schwäbsche Eisebahne" nicht kennt. Das Lied stammt aus jener Zeit, als die ersten Dampflokomotiven durch Württemberg fuhren. Der erste Zug der *Königlichen Württembergischen Staats-Eisenbahnen* zuckelte 1845 von Cannstatt nach Untertürkheim. Mit ganzen 24 Stundenkilometern fuhren die Züge durch das Neckartal. Erst ein Jahr später konnte der Centralbahnhof im Stuttgarter Talkessel eingeweiht werden, da es die hügelige Topografie nicht gerade einfach machte, die Residenzstadt an das Schienennetz anzubinden. Man spielte zunächst sogar mit dem Gedanken, den zentralen württembergischen Bahnhof im flachen Neckartal anzusiedeln und Stuttgart nur mit einer kleineren Stichbahn anzubinden. Das war für die Residenzstadt natürlich nicht hinnehmbar. Eine **Eisenbahnbrücke** über den Neckar und ein Tunnel unter dem Rosensteinpark ermöglichten dann die Verlängerung der Strecke von Cannstatt nach Stuttgart. Ab 1850 konnten die Schwaben schließlich auch die im Lied besungene Strecke „Stuegert, Ulm und Biberach" per Eisenbahn zurücklegen.

GEFÄNGNIS

Das Haus Liebenzeller Straße 11/1 in Bad Cannstatt steht versteckt in einem Hinterhof und ist umgeben von einer Backsteinmauer. Die Mauer hat einen triftigen Grund, denn das Gebäude war von 1889 bis 1964 ein Gefängnis. Trunkenbolde, Spieler und Prostituierte wurden hier inhaftiert. Nach dem Zweiten Weltkrieg zunächst als Frauengefängnis weitergeführt, saßen im Zuchthaus ab Ende der 1950er-Jahre nur noch Untersuchungshäftlinge ein. Die Zellen wurden 2007 schließlich zu Wohnräumen umgebaut. An seine Geschichte als Gefängnis erinnern hier und da noch immer Gitterstäbe vor den Fenstern.

IM NECKARTAL
BAD CANNSTATT – KÖNIG-KARLS-BRÜCKE

VON UFER
UND VIADUKT

Die schmale Wilhelmsbrücke vor den Toren der Cannstatter Altstadt war im 19. Jahrhundert für lange Zeit die einzige Verbindung über den Neckar zwischen der Kurstadt und Stuttgart. Durch die einsetzende Industrialisierung, Mitte desselben Jahrhunderts, stieg auch das Verkehrsaufkommen. Dies machte den Bau einer neuen, breiteren Brücke nötig, die 1893 nahe dem Mineralbad Leuze eingeweiht wurde. Diese Eisenbogenkonstruktion sollte nach dem kurz zuvor verstorbenen König Karl benannt werden und galt als prächtigste Brücke Württembergs. Sie wurde jedoch 1945 von der Wehrmacht gesprengt, die dadurch die vorrückenden alliierten Truppen aufhalten wollte. Heute erinnern lediglich zwei große Skulpturen – die einst die Pylonen der alten Brücke schmückten – an das prächtige Bauwerk. Eine Figur wurde am Cannstatter Ufer neben der aktuellen Brücke platziert, die zweite Skulptur steht an der Stadtbahnhaltestelle *Mineralbäder*. Da es sich bei der **König-Karls-Brücke** um eine der wichtigsten Flussquerungen der Stadt handelte, wurde nach dem Krieg schnell für Ersatz gesorgt. Dafür wurden die Überreste des alten Viadukts komplett abgerissen und bis 1948 durch eine Bogenbrücke aus Beton ersetzt. Die heutige König-Karls-Brücke ist jedoch bereits das dritte Viadukt, das diesen Namen trägt. Das aktuelle Bauwerk – das von Autos, Stadtbahnen und Fußgängern genutzt wird – wurde 1976 eingeweiht und ist mit 53 Metern mehr als doppelt so breit wie sein Vorgänger.

IM NECKARTAL
BAD CANNSTATT – KÖNIG-WILHELM-VIADUKT

VON ALPEN UND HÜGELN

So mancher Zugezogene mag das Erklimmen der Stuttgarter Hügel bereits als Klettertour empfinden. Aber auch Profibergsteiger kommen im Kessel voll auf ihre Kosten. Zwischen Bad Cannstatt und Münster spannt sich in 30 Meter Höhe eine Stahlbetonbrücke über das Neckartal. Sie dient dazu, den Güterverkehr um die Stadt herum zu führen. Schon ab Ende des 19. Jahrhunderts befand sich an jener Stelle eine Eisenbahnbrücke. Dieses **König-Wilhelm-Viadukt** wurde jedoch in den 1980er-Jahren abgebrochen und durch den aktuellen Betonriesen ersetzt. Lediglich zwei Brückenpfeiler des Vorgängerbaus findet man noch heute in unmittelbarer Nähe zum neuen Viadukt. Einer der beiden Pfeiler ragt – mitten in einer Parkanlage am Neckarufer stehend – 18 Meter in die Höhe. Auch dieser sollte zunächst ein Opfer der Abrissbirne werden. Dies verhinderten jedoch einige engagierte Klettersportler und richteten den Pfeiler schließlich für ihre Zwecke her. Unter dem schlichten Namen *Cannstatter Pfeiler* steht er heute unter der Obhut des Deutschen Alpenvereins. Auf 18 Kletterrouten kann man den Sandsteinkoloss nun erklimmen. Diese Routen haben es jedoch in sich, denn sie liegen zwischen den Schwierigkeitsgraden 6 und 7. Zudem betreibt der Deutsche Alpenverein eine riesige Anlage mit 4.600 Quadratmeter Kletter- und Boulderfläche auf der Waldau in Degerloch. Sie gehört zu den größten Kletteranlagen der Welt.

IM NECKARTAL
BAD CANNSTATT

KURSAAL

Die Wiedergründung des *Deutschen Fußball-Bunds* nach dem Zweiten Weltkrieg wurde bei einer Tagung aller westdeutschen Fußballverbände im Cannstatter Kursaal im Juli 1949 offiziell und rechtsverbindlich beschlossen. Dies wurde anschließend im Stuttgarter Opernhaus ausführlich gefeiert. Das erste Länderspiel fand im November 1950 ebenfalls in Stuttgart statt. Im vollkommen überfüllten Neckarstadion – rund 100.000 Fans wurden eingelassen – gewann die deutsche Nationalmannschaft 1:0 gegen die Schweiz.

MERCEDES-BENZ MUSEUM

Das 2006 eröffnete Mercedes-Benz Museum ist das weltweit größte Museum einer Automarke. Das Innere des Gebäudes ist einem DNA-Strang – in Form einer Doppelhelix – nachempfunden. Die neun Ausstellungsebenen kommen ohne einen einzigen Stützpfeiler aus. Trotzdem ist jeder Ausstellungsraum in der Lage, bis zu zehn Lastwagen zu tragen. An der Fassade des Museums wurden 1.800 dreieckige Fensterscheiben verbaut. Keine einzige von ihnen gleicht dabei einer anderen.

IM NECKARTAL

BAD CANNSTATT – MINERALWASSER

VON FLASCHEN UND KONKURRENZ

In Stuttgart findet man das zweitgrößte Mineralwasservorkommen Europas. Da drängt sich die Frage auf, warum in den Supermarktregalen kein Stuttgarter **Mineralwasser** zu finden ist? Die Antwort hierauf ist simpel: Die Konkurrenz ist einfach zu groß. Doch das war nicht immer so. Mineralwasser aus Stuttgart gab es tatsächlich einmal in den Geschäften zu kaufen. 1934 wurde damit begonnen, das gesunde Wasser aus zwei Quellen hinter dem Kursaal im Bezirk Bad Cannstatt in Flaschen abzufüllen. 65.000 der bis zu 1,5 Liter fassenden Flaschen wurden im ersten Jahr verkauft. Fünf Jahre später waren es bereits über vier Millionen. Hierfür wurde unweit der Quellen eigens eine Abfüllanlage erbaut. Neben dem *Wilhelmssprudel* brachte die Stadt schon 1937 unter dem Namen *Oranade* eine eigene Orangenlimonade auf den Markt. Nach dem Zweiten Weltkrieg führte man zudem die beliebte Marke *Schwabensprudel* ein. Das Kuramt ließ die Abfüllanlage in den 1950er-Jahren weiter ausbauen, um stündlich bis zu 8.000 Flaschen befüllen zu können. Doch die beengten Platzverhältnisse am Rande des Kurparks, verunreinigtes Wasser durch die Industrie und zu guter Letzt die große Konkurrenz durch zahlreiche andere Mineralwassermarken machten den Vertrieb des Cannstatter Wassers immer unwirtschaftlicher. 1987 gingen daher die letzten Mineralwasserflaschen aus Stuttgart über die Ladentheke.

IM NECKARTAL

BAD CANNSTATT – MUSEUM FÜR NATURKUNDE

VON BERNSTEIN UND EINHORN

Schon im 16. Jahrhundert wurde die württembergisch-herzogliche Kunstkammer gegründet. Zu diesen „Kunstwerken" zählten damals auch so exotische Exponate wie „Schlangenzungen von Malta", wofür man fossile Haifischzähne hielt. Die Stoßzähne des Mammuts wurden als „Einhorn" klassifiziert. Ende des 18. Jahrhunderts beschloss man, die Kunstschätze von den biologischen Exponaten zu trennen, und gründete daher eine Naturaliensammlung. Teile dieser Sammlung sind heute im staatlichen **Museum für Naturkunde** zu bewundern, das aus Platzgründen in zwei verschiedene Museumsbauten im Rosensteinpark aufgeteilt wurde. Der zoologische Bereich zog bereits 1954 in das Schloss Rosenstein. Für die paläontologische und geologische Abteilung wurde 1985 ein Neubau am Löwentor – dem nördlichen Eingang des Parks – eingeweiht. Im Ausstellungsgebäude des Museums am Löwentor werden rund 250 Millionen Jahre südwestdeutscher Geschichte erlebbar gemacht. Zahllose Fossilien werden ebenso präsentiert wie lebensgroße Modelle von Dinosauriern, die in ihrem natürlichen Lebensraum in sogenannten Dioramen gezeigt werden. Eine Besonderheit des Museums ist das Bernsteinkabinett. Die Sammlung von Tieren und Pflanzen, die in versteinertem Baumharz eingeschlossen wurden, zählt zu den bedeutendsten Sammlungen der Welt.

IM NECKARTAL

BAD CANNSTATT – NECKAR KÄPT'N

VON PARTY
UND FLUSS

Durch Staustufen und Kanalisierung ist der Neckar in Stuttgart seit 1956 schiffbar. Da sich nicht nur Frachtschiffe auf dem Fluss tummeln sollten, beschlossen der Unternehmer Karl Epple und seine Frau Berta ein Jahr später, die Personenschifffahrt in Stuttgart einzuführen. Mit zunächst zwei Schiffen bot man Rundfahrten auch zum neuen Hafen an. Die Zahl der Schiffe und der Anlegestellen stieg, und schließlich standen auch Fahrten zwischen Plochingen und Heilbronn auf dem Programm. Rund 40 Jahre lang wurde die Neckar-Personen-Schifffahrt von der Familie Epple betrieben. 1997 übernahm das Ehepaar Thie das Ruder und betreibt die Schiffsflotte seither unter dem bekannten Namen **Neckar Käpt'n**. Die drei Schiffe *MS Wilhelma*, *Bad Cannstatt* und *Liberty* verkehren heute auf verschiedenen Routen zwischen Esslingen und Lauffen am Neckar. Am Ufer des Flusses stehen insgesamt 23 Anlegestellen für die Schiffe zur Verfügung. Seit 2008 gibt es zudem eine Besonderheit auf dem Neckar. Ein Partyfloß für bis zu 200 Passagiere dient seither als außergewöhnliche Eventlocation in der Landeshauptstadt.

IM NECKARTAL

BAD CANNSTATT

SCHLOSS ROSENSTEIN

Zwar wurde das Schloss Rosenstein als Sommersitz für König Wilhelm I. erbaut, oft genutzt hat der Monarch es jedoch nicht. Eine Wahrsagerin soll dem König prophezeit haben, dass er auf Schloss Rosenstein sterben würde. Er mied daher das Anwesen. Wirklich genutzt hat Wilhelm seinen Sommersitz erst 1864 im Alter von 82 Jahren für eine Luftkur. Nach wenigen Tagen Aufenthalt verstarb der König schließlich genau auf jenem Schloss.

IM NECKARTAL

BAD CANNSTATT – STADTARCHIV

VON NECKARPARK
UND FLUGBLÄTTERN

Es gibt einen Ort, an dem Stuttgarts Geschichte lagert. Dieser befindet sich im **Stadtarchiv** im Cannstatter NeckarPark. Das erste Archiv für die Lagerung der Stadtverwaltungsakten entstand erst 1928. Im Zweiten Weltkrieg wurden viele wichtige Bestände, die noch aus der Zeit vor dem 19. Jahrhundert stammten, vernichtet. Das älteste, heute noch im Archiv lagernde Dokument stammt aus dem 16. Jahrhundert. In den letzten Jahrzehnten war das Archiv aus Platzmangel auf mehrere Standorte im Stadtgebiet verteilt, bis es 2011 schließlich seine neue Heimat in Bad Cannstatt beziehen konnte. Das Hauptgebäude ist ein umgebautes Lagerhaus des *Großeinkaufsvereins der Kolonialwarenhändler* von 1921. Die Hauptaufgabe des Stadtarchivs besteht weiterhin in der Lagerung von Stuttgarts Geschichte in Schrift und Bild. 20.000 Gemälde und Grafiken sowie 200.000 Fotos und Filme lagern hier ebenso wie Plakate, Flugblätter und Bücher, die die Stadtgeschichte dokumentieren. Auch die Vermittlung der Geschichte Stuttgarts ist Aufgabe des Archivs. Ein öffentlich zugänglicher Lesesaal mit einer angegliederten Bibliothek, Ausstellungsräume und ein Vortragssaal sollen allen interessierten Bürgern einen Blick in Stuttgarts Vergangenheit ermöglichen.

IM NECKARTAL
BAD CANNSTATT – STRASSENBAHNWELT

VON UMZUG UND UMLAND

Die **Straßenbahnwelt Stuttgart** befindet sich seit 2009 im Cannstatter NeckarPark. In einem denkmalgeschützten Straßenbahndepot von 1929 wird die rund 150-jährige Geschichte des Transportmittels in Stuttgart und dem Umland präsentiert. Neben der technischen Entwicklung vom Pferdewagen bis zum letzten elektrisch betriebenen Straßenbahnmodell gibt es im Backsteindepot auch Bahnen alter, nicht mehr existierender Straßenbahnbetriebe zu sehen. Wagen der *Filderbahn-Gesellschaft*, der *Feuerbacher Straßenbahn* und der – von der SSB betriebenen – *Eßlinger Städtischen Straßenbahn* können hier bewundert werden. Das erste Straßenbahnmuseum befand sich ab 1989 noch außerhalb des Stadtgebiets im benachbarten Gerlingen, bis ein Umzug nach Zuffenhausen anstand. Bis zur Eröffnung der Straßenbahnwelt war Interessierten die Sammlung lediglich an wenigen Tagen im Monat zugänglich.

IM NECKARTAL
BAD CANNSTATT – VFB STUTTGART

VON KLUB UND PFLEGE

Der **VfB Stuttgart** steht ganz klar für den Fußball. Doch im Verein gibt es noch weitere Sportabteilungen. Den heute bekannten Namen trägt der Verein seit 1912. Der *Verein für Bewegungsspiele* entstand durch die Fusion des *Fußballvereins Stuttgart* – gegründet im Jahr 1893, das als Gründungsdatum des VfB geführt wird – und des *Kronen-Klubs-Cannstatt* von 1897. Die älteste Abteilung nach dem Fußball ist die Leichtathletik, die seit der Fusion ein offizieller Teil des Vereins ist. Der VfB besitzt zudem eine Schiedsrichterabteilung, die bereits 1923 gegründet wurde und somit die erste ihrer Art in Deutschland war.

1919 folgte die Gründung der Hockeyabteilung. Eine Faustballabteilung gibt es seit 1937. Der jüngste Sport beim VfB ist Tischtennis – Teil des Vereins seit 1949. Die Handballabteilung existiert derzeit jedoch nur noch auf dem Papier. Bereits 1919 gegründet, wurde 1985 die letzte Handballmannschaft aufgelöst. Es geht jedoch auch ganz ohne sportliche Betätigung beim Verein für Bewegungsspiele: Seit 1953 gibt es die VfB-Garde. Neben der Wahrung der Traditionen ist die Pflege freundschaftlicher Beziehungen zu anderen Vereinen eine Aufgabe der Gardisten.

IM NECKARTAL
BAD CANNSTATT – WILHELMA

VON FESTSAAL UND KROKODIL

Die **Wilhelma** war nicht einfach nur ein riesiger orientalischer Privatpark des Königs, sie war einst eine umfangreiche Schlossanlage mit zwei maurischen Hauptgebäuden. Diese standen sich am ovalen maurischen Garten direkt gegenüber. Die Gebäude waren durch einen überdachten Wandelgang – der den Magnoliengarten einfasst – miteinander verbunden. Am höher gelegenen Ende des Gartens stand das Wohnhaus. Diesem Gebäude schlossen sich an beiden Seiten lange Gewächshäuser an. Im Wohngebäude befanden sich Schlaf-, Ess- und Wohnzimmer sowie ein Bad und ein Salon. In der Mitte dieses Schlossbaus befand sich ein Saal mit einem Brunnenhof. Das Wohnhaus wurde – wie der Großteil der Wilhelma – im Zweiten Weltkrieg schwer beschädigt. Die prächtigen Innenräume existieren daher nicht mehr. Das Gebäude dient heute größtenteils als Gewächshaus. Vis-à-vis des Wohngebäudes – am unteren Ende des Gartens – befand sich ein weiteres imposantes Bauwerk – der maurische Festsaal. Er brannte bei Bombardements jedoch komplett aus, und später wurden auch die Außenmauern abgerissen. Lediglich das Eingangsportal zum maurischen Garten hin blieb erhalten. An der Stelle des Festsaals befindet sich heute ein Betonzweckbau, der die Aquarien und die Krokodilhalle beherbergt.

IM NECKARTAL
BAD CANNSTATT – WILHELMA

DAMASZENERHALLE

Nur ein maurisches Gebäude in der Wilhelma hat den Krieg nahezu unbeschadet überstanden. Die Damaszenerhalle bildet den unteren Abschluss des Gebäudeensembles. In den ursprünglichen Plänen des Architekten war diese Halle jedoch nicht zu finden. Doch der Bauherr – König Wilhelm I. – wünschte sich ein kleines Stallgebäude, in dem er Rebhühner halten konnte. In der Damaszenerhalle kann man noch heute die einst so prächtige Innenarchitektur der historischen Gebäude bewundern. Zudem beherbergt sie eine Ausstellung zur Geschichte der Wilhelma.

FLÜSTERGALERIE

In der Wilhelma gibt es auch eine physikalische Attraktion. Betritt man von den Aquarien her kommend den Maurischen Garten, so findet man an der Wand des Wandelgangs zur Rechten ein Schild, das auf eine Flüstergalerie hinweist. Die gewölbte Wand, der Boden und die Decke ermöglichen es, dass in normaler Lautstärke gegen die Wand gesprochene Sätze noch 40 Meter weiter in fast derselben Lautstärke zu hören sind.

IM NECKARTAL
BAD CANNSTATT – WILHELMA

MAGNOLIENHAIN

Mit 70 Bäumen ist der Magnolienhain der Wilhelma der größte seiner Art in Deutschland und zudem einer der größten Europas. 15 Exemplare stammen noch aus der Zeit König Wilhelms I., der den Maurischen Garten anlegen ließ. Diese über 160 Jahre alten Magnolienbäume erkennt man an der Form ihrer Äste, die sich bis hinunter auf den Boden neigen. Die Blütenpracht der Magnolien – die etwa Ende März aufblühen – gehört zu den Hauptattraktionen des botanischen Gartens.

MAX-EYTH-SEE

Im Zweiten Weltkrieg wurde der Max-Eyth-See leer gepumpt und mit Tarnnetzen überspannt, damit sich die alliierten Piloten bei Luftangriffen nicht an ihm orientieren konnten. Nach dem Krieg wurde auf dem nun frei liegenden Seegrund Gemüse angebaut. Bereits 1949 stand der Gemüsegarten nach einem Dammbruch jedoch wieder unter Wasser.

IM NECKARTAL
MÜHLHAUSEN – WALPURGISKIRCHE

VON KAPELLE UND WALPURGIS

Die Heidenburg in Mühlhausen war eine von vielen Burgen im heutigen Stuttgarter Stadtgebiet. Sie wurde vermutlich im 12. Jahrhundert erbaut und bereits im 14. Jahrhundert im Reichs- und Städtekrieg durch die Esslinger zerstört. Zur Burganlage gehörte auch eine kleine Kapelle, die – im Gegensatz zur Burg – rasch wieder aufgebaut und im 15. Jahrhundert sogar zu einem größeren Gotteshaus erweitert wurde. Hierfür verwendete man als Baumaterial unter anderem die Überreste der Burgruine. Eine Stützmauer und das Kellergewölbe unter der Kirche sind die einzigen erhaltenen Überbleibsel der einstigen Wehranlage. Über die Jahrhunderte wurde die Mühlhäuser Kirche – die der heiligen Walburga geweiht ist – immer weiter ausgebaut. 1943 sollte die **Walpurgiskirche**, über 600 Jahre nach ihrem Wiederaufbau, ein weiteres Mal zerstört werden. Durch Luftangriffe schwer getroffen, brannte das Gotteshaus gänzlich aus. Da lediglich die Außenmauern des Turms und in Teilen auch jene des Kirchenschiffs erhalten blieben, entschied man sich gegen einen erneuten Wiederaufbau. Nun war die einstige Burgkapelle – wie die Heidenburg viele Jahrhunderte vor ihr – selbst zur Ruine geworden. Doch anders als die befestigte Anlage sollte die Kirche nicht gänzlich aus dem Stadtbild verschwinden. Stattdessen integrierte sie die evangelische Kirche in den 1970er-Jahren in den Bau eines Gemeindehauses, dessen Innenhof bis heute von den alten Kirchenmauern eingefasst wird.

IM NECKARTAL
UNTERTÜRKHEIM – INSELBAD

VON INSEL UND DENKMAL

Das **Inselbad** in Untertürkheim war Stuttgarts erstes Freibad. Als einfaches Schwimmbad wurde es 1924 eingeweiht und von Paul Bonatz – dem Architekten des Hauptbahnhofs – bis 1929 erweitert und zu einem Schwimmstadion umgestaltet. Dies wurde nötig, da das Freibad für das 15. Deutsche Turnfest 1933 geplant wurde. Damals war das Bad noch mit einem 100-Meter-Becken ausgestattet und wurde schließlich mit einem Frauenbad um ein weiteres Becken ergänzt. Mit fünf Schwimmbecken ist das Inselbad heute das größte Freibad der Stadt. Das künstlich angelegte Eiland wird vom Neckar und von einem Seitenarm des Flusses eingefasst. Das gesamte Inselbad gilt als Kulturdenkmal, und so stehen sowohl die noch erhaltenen Bauwerke von Bonatz – wie das Terrassengebäude im Bauhausstil – als auch der Eingangsbereich aus den 1950er-Jahren unter Denkmalschutz. Die Gartenanlage auf der Insel und die Grundrisse der Becken dürfen aus diesem Grund ebenfalls nicht mehr verändert werden.

IM NECKARTAL
UNTERTÜRKHEIM – GRABKAPELLE

VON OPAION
UND ROM

Beim Entwurf des Innenraums der Grabkapelle auf dem **Württemberg** ließ sich Giovanni Salucci – der italienische Hofbaumeister von König Wilhelms I. – vom Pantheon in Rom inspirieren. Der gänzlich in Weiß gehaltene runde Raum wird von einer Kassettenkuppel überspannt. Wie beim römischen Vorbild gibt es auch hier ein Opaion – ein rundes Oberlicht –, durch das Tageslicht ins Innere gelangt. Im Zentrum des Raums befindet sich eine Öffnung im Boden, die von einem Gusseisengitter überdeckt wird. Auf diesem Weg gelangt selbst in die Gruft unter dem Kapellenraum noch etwas Tageslicht. Aber nicht nur das Licht in der Grabkammer wird von der großen Kuppel beeinflusst, sondern auch die Akustik. Durch die gewölbte Decke ergibt sich in der Gruft, die ebenfalls eine niedrige gewölbte Decke hat, eine physikalische Besonderheit. Die gesamte Innenarchitektur des Gebäudes führt dazu, dass im Zentrum des unterirdischen Raums ein mehrfaches Echo zu hören ist. Jeder Ton scheint dem Besucher der Gruft von mehreren Seiten um die Ohren zu fliegen. Diese Besonderheit nutzen unter anderem Chöre, die hier Konzerte der ganz besonderen Art darbieten.

IM NECKARTAL
UNTERTÜRKHEIM – WÜRTTEMBERG

VON BURG UND BERG

Württemberg: Geschlecht, Herrschaftsgebiet, Berg. Seit dem 11. Jahrhundert sind die Württemberger namentlich bekannt. Zu dieser Zeit ließen diese auch ihre Stammburg auf dem Gipfel des Rotenbergs über dem Neckartal erbauen. Zunächst als „Wirtinsberker" bezeichnet, änderte sich der Familienname über die Jahrhunderte zu „Wirtenberg", „Wirtemberg" und schließlich zum heutigen Württemberg. Die *Burg Wirtemberg* wurde zweimal durch Angriffe zerstört und immer wieder aufgebaut. Als Stammburg hatte die befestigte Anlage jedoch bereits Anfang des 14. Jahrhunderts ausgedient, als die Grafen von Wirtemberg schließlich das Alte Schloss in Stuttgart zu ihrer neuen Residenz ausbauen ließen. Die Burg auf dem Rotenberg blieb jedoch bis zum 19. Jahrhundert im Besitz der Adelsfamilie. 1819 ließ König Wilhelm I. den längst zerfallenen Familienstammsitz schließlich abreißen und an seiner Stelle eine Grabkapelle für seine verstorbene Gattin Katharina errichten. Der Name Württemberg hatte sich als offizieller Name für das gesamte Reich erst ab 1803 durchgesetzt. Außer dem Königreich selbst benannte König Wilhelm II. rund 100 Jahre später den Rotenberg – die Wiege des Herrschaftsgebiets – offiziell in **Württemberg** um.

IM NECKARTAL
WANGEN

RÜBEZAHLSTOLLEN

In Stuttgart-Wangen wurden im Zweiten Weltkrieg – wie in vielen Bezirken – Schutzstollen gegraben. Der Rübezahlstollen wurde als unterirdische Notfallproduktionsstätte der Daimler-Benz Werke erbaut. Der Wangener Betonstollen in der Nähterstraße wurde nach dem Krieg von der Firma Fetzer zur Champignonzucht genutzt. Bis in die 1990er-Jahre wurden dort die weißen und braunen Pilze geerntet.

AUF DEN FILDERN

AUF DEN FILDERN

VON FILDERN UND NIVEAU

Die höchstgelegenen Stadtbezirke Stuttgarts befinden sich mehr als 200 Meter über dem Niveau der Innenstadt auf den sogenannten **Fildern**. Der Name ist eine altdeutsche Version des Wortes „Gefilde". Somit ist es auch mit dem heute gebräuchlichen Wort „Felder" verwandt. Genau diese prägen immer noch in großen Teilen das Gesicht der Filderebene, denn der Boden dort gehört zu den fruchtbarsten in ganz Deutschland. Die meisten Agrarflächen der Landeshauptstadt befinden sich daher dort. Hunderte Jahre waren die Landwirte auf den Fildern für die Versorgung der Residenzstadt mit Getreide verantwortlich. Sechs der heutigen Stadtbezirke befinden sich auf den Fildern. Diese gingen nach und nach an die Stadt Stuttgart über. Bereits 1908 wurde Degerloch eingemeindet. Fast 30 Jahre später folgte Sillenbuch. Die restlichen vier Bezirke – Möhringen, Plieningen, Birkach und Vaihingen – wurden erst 1942 zur NS-Zeit „zwangseingemeindet". Vaihingen ist zudem mit rund 21 Quadratkilometern der flächengrößte Bezirk der Landeshauptstadt.

AUF DEN FILDERN
DEGERLOCH – FERNSEHTURM

VON ABLEGERN UND ROLLRASEN

Der Stuttgarter **Fernsehturm** von 1956 – Vorbild aller Fernsehtürme dieser Bauart weltweit – blieb nicht lange unkopiert. Als erster *Ableger* gilt der Fernsehturm Dequede in Osterburg in Sachsen-Anhalt, der 1959 in der damaligen DDR eingeweiht wurde. Selbst der mit 634 Metern höchste Fernsehturm der Welt – der *Tokyo Skytree* –, der erst 2012 eingeweiht wurde, gilt als ein Ableger des Stuttgarter Originals. Der „Erste" wird selbst in der Fachwelt heute noch als „der schönste Fernsehturm der Welt" betrachtet. Da die Stuttgarter Version 1965 eine architektonische Innovation war, sollte er auf jeden Fall Teil des Stuttgart-Besuchs der britischen Königin Elisabeth II. werden. Für die Queen putzte sich die Landeshauptstadt natürlich heraus. Der Rasen vor dem Fernsehturm war jedoch alles andere als repräsentativ. So entschloss man sich, Rollrasen vor der Betonnadel auszulegen. Bei der Lagerung hatte aber auch dieser sehr gelitten, und so ging man zu Plan B über. Man besprühte die braunen Flächen des Rasens kurzerhand mit grüner Farbe. Daher sollen sich Gäste, die das Spektakel vor dem Fernsehturm besuchten, später über grüne Flecken auf ihren Schuhen beklagt haben.

AUF DEN FILDERN
DEGERLOCH – FERNSEHTURM

VON SCHEINWERFERN UND SIGNALEN

Bei der Planung des **Fernsehturms** Anfang der 1950er-Jahre wäre ihm fast ein rot-weiß geringelter Anstrich verpasst worden. Wegen des Standorts nahe dem Flughafen wäre dieser notwendig gewesen, um ihn so für anfliegende Flugzeuge deutlich sichtbar zu machen. Die Bemalung des gesamten Turmschafts konnte nur verhindert werden, indem man am Turmkorb die neuesten Hochdrucklampen – wie man sie von Leuchttürmen kennt – zum Einsatz brachte. Diese rotierenden Flugsicherheitsscheinwerfer sorgen noch heute dafür, dass der Fernsehturm von keinem übersehen werden kann. Einen rot-weißen Anstrich hat man immerhin der Antenne auf dem Dach des Turmkorbs verpasst. Dank seiner Sendeanlage ist der Turm zudem seit seiner Eröffnung noch einmal um fünf Meter gewachsen. Eingeweiht wurde das Bauwerk mit einer 51 Meter hohen Antenne. Diese wurde 1965 durch eine 56 Meter hohe Sendeanlage ausgetauscht. Der Stuttgarter Fernsehturm ist heute insgesamt knapp 217 Meter hoch. Ein Fernseh-Turm ist das Stuttgarter Wahrzeichen jedoch eigentlich seit 2006 nicht mehr. Die Antennen sind für den Frequenzbereich des terrestrischen Fernsehens (DVB-T) nicht mehr geeignet. Da man den Stahlgittermast umfangreich hätte umbauen müssen, gab man die Fernsehausstrahlung an den benachbarten Fernmeldeturm ab. Vom Fernsehturm gehen nur noch UKW- und DAB-Signale aus.

AUF DEN FILDERN
DEGERLOCH

GASTHOF ZUM RITTER

Am 21. April 1945 marschierten in Plieningen die ersten alliierten Truppen in Stuttgart ein. Einen Tag später übergab Oberbürgermeister Karl Strölin die Stadt Stuttgart friedlich an die französischen Besatzungskräfte. Die Übergabe fand im *Gasthof Zum Ritter* in Degerloch statt. Aufgrund seiner Geschichte wurde das Fachwerkhaus nahe dem Albplatz in den 1970er-Jahren zu einem Kulturdenkmal erklärt.

AUF DEN FILDERN
DEGERLOCH

SANTIAGO-DE-CHILE PLATZ

Seit 2006 gibt es in Stuttgart den Santiago-de-Chile-Platz auf dem Haigst. Der kleine Platz, mit toller Aussicht auf den Talkessel, ist dem chilenischen Honorarkonsul Georg Kieferle zu verdanken. Dieser hat es wiederum ermöglicht, dass es auch in Chiles Hauptstadt ein Pendant gibt. Daher weihte 2010 der damalige Oberbürgermeister Wolfgang Schuster in Santiago die *Plaza de Stuttgart* ein. Auffällig auf dem Santiago-de-Chile-Platz ist die steinerne Statue eines Moai. Die kleine Ausgabe der weltbekannten Statuen erinnert an die Zugehörigkeit der Osterinsel zu Chile.

AUF DEN FILDERN
MÖHRINGEN – SI-CENTRUM

VON MUSICAL UND SPIELBANK

Das **SI-Centrum** – der Erlebnis-Komplex im Stadtbezirk Möhringen – wurde 1994 eingeweiht. Den Namen übernahm man vom Hotel *Stuttgart International*, das bereits seit den 1960er-Jahren existierte. Das Hotel wurde rund 30 Jahre später durch den Musicalbetreiber *Stella* der vom Stuttgarter Unternehmer Rolf Deyhle mitbegründet wurde – in ein neu entstandenes Erlebniscenter integriert. Bei seiner Einweihung gehörte neben dem genannten Hotel daher auch ein Musicaltheater – das mit *Miss Saigon* seinen Spielbetrieb aufnahm – zum Komplex. Ein Gastronomiebereich, ein Wellnessbad sowie eine Spielbank rundeten das Angebot ab. Bereits ein Jahr später legte man den Grundstein für einen Erweiterungsbau auf der gegenüberliegenden Straßenseite. Ein weiteres Musicaltheater, ein Kinokomplex und zahlreiche Themenrestaurants konnten schließlich 1997 eingeweiht werden. Der alte und neue Bereich des SI-Centrums wurden durch einen unterirdischen Gang miteinander verbunden. Nachdem *Stella* zwei weitere Jahre später Insolvenz anmelden musste, wurde das Musicalunternehmen 2002 von der niederländischen Konkurrenz *Stage Entertainment* übernommen. Zu jener Zeit erhielten die beiden Musicaltheater – bis dahin lediglich als Musical Hall I und II bezeichnet – ihre heute noch gebräuchlichen Namen *Apollo Theater* und *Palladium Theater*. Trotz seiner Lage am Stadtrand schafft es das Erlebniscenter, mit seinem vielschichtigen Angebot jährlich über zwei Millionen Besucher anzulocken.

AUF DEN FILDERN

MÖHRINGEN

SI-CENTRUM

Stuttgart ist nach Hamburg – gemeinsam mit Berlin – der zweitgrößte Musical-Standort in Deutschland. Die beiden Musical-Theater im SI-Centrum gehören ebenfalls zu den größten im deutschsprachigen Raum. Die Stücke *Miss Saigon*, *Die Schöne und das Biest*, *Tanz der Vampire*, *42nd Street*, *Wicked – Die Hexen von Oz*, *Rebecca*, *Mary Poppins* und *Anastasia* hatten in Stuttgart ihre Deutschland-Premiere.

AUF DEN FILDERN
PLIENINGEN

FLUGHAFEN

Der Flughafen Stuttgart befindet sich auf der Gemarkung fünf verschiedener Städte. So steigt der Fluggast in Leinfelden-Echterdingen in das Flugzeug ein, rollt über Stuttgarter Boden zur Startbahn und hebt schließlich von Filderstadt aus ab. Zu Neuhausen und Ostfildern gehören dann immerhin noch ein paar Quadratmeter Grünfläche.

AUF DEN FILDERN

PLIENINGEN – MESSE

VON TRÜMMERN UND HALLEN

Das erste Messegelände Stuttgarts entstand Ende des 19. Jahrhunderts am Stadtgarten. An jener Stelle, wo sich heute die Universitätsbibliothek befindet, wurde 1881 die prunkvolle Gewerbehalle eingeweiht. Neben zahlreichen Gewerbeausstellungen fand hier 1896 auch die erste Kinofilmvorführung Württembergs statt. Das große Gebäude mit dem wuchtigen Kuppeldach wurde im Zweiten Weltkrieg schwer beschädigt. Nach den Bombennächten diente die Gewerbehalle als Sortierstelle für brauchbare Trümmerteile, bevor sie schließlich selbst abgerissen wurde. Bereits ab 1939 wurde mit dem Bau einer weiteren Messe auf dem Killesberg begonnen, wo diese auch bis 2007 verbleiben sollte. Da an diesem Standort jedoch eine Expansion später nicht mehr möglich war, schaute man sich Anfang des neuen Jahrhunderts nach Alternativen um. Der Favorit für einen Neubau war von Anfang an ein Areal am Flughafen Stuttgart auf den Fildern. 2007 wurde schließlich genau dort die neue **Messe Stuttgart** mit ihren neun Hallen eingeweiht. Mit der Fertigstellung einer zehnten Halle 2018 verfügt sie nun über 120.000 Quadratmeter Ausstellungsfläche. Damit hat sich die Nutzfläche gegenüber dem Standort auf dem Killesberg mehr als verdoppelt. Aktuell liegt die Messe Stuttgart im Größen-Ranking auf Platz acht in Deutschland.

AUF DEN FILDERN
PLIENINGEN – UNIVERSITÄT HOHENHEIM

VON PROFESSOR
UND FAKULTÄT

Die **Universität Hohenheim** gehört zu den ältesten landwirtschaftlichen Hochschulen der Welt und war zudem die zweite Hochschule der Stadt. 1818 ließ König Wilhelm I. auf Schloss Hohenheim eine landwirtschaftliche Unterrichts-, Versuchs- und Musteranstalt einrichten. Der König tat dies, da Württemberg in den Jahren zuvor unter schweren Missernten zu leiden hatte. 1923 wurde an der Universität Hohenheim zum ersten Mal in Deutschland eine Frau zu einer Universitätsprofessorin ernannt. 150 Jahre lang blieb das Schloss primär eine landwirtschaftliche Universität, bis 1968 mit den Wirtschaftswissenschaften eine weitere große Fakultät eingerichtet wurde. Berühmte Hohenheimer waren Wilhelm Conrad Röntgen – Entdecker der nach ihm benannten Röntgenstrahlen –, der hier 1875 als Professor tätig war, sowie Winfried Kretschmann. Der spätere Ministerpräsident studierte von 1970 bis 1975 in Hohenheim Biologie und Chemie.

AUF DEN FILDERN
UNIVERSITÄT HOHENHEIM

VON GRÄBERN UND REBSORTEN

Rund um Schloss Hohenheim findet man zahlreiche Besonderheiten. So besitzt die gleichnamige **Universität** beispielsweise einen eigenen Weinberg. Auf nur 2,2 Hektar werden dort zu Forschungszwecken über 200 verschiedene Rebsorten angebaut. Der Wein wird direkt im Schlosskeller gekeltert, dort in Flaschen abgefüllt und unter dem Namen *Hohenheimer Schlossberg* verkauft. Sicherlich einmalig in Deutschland ist der universitätseigene Friedhof. Hier beerdigt zu werden, ist lediglich Mitarbeitern der Hochschule und deren Angehörigen vorbehalten. Über 60 Gräber findet man auf dem kleinen Gottesacker, der bereits 1853 angelegt wurde. Des Weiteren findet man auf dem Universitätsgelände das *Deutsche Landwirtschaftsmuseum*. Vom einfachen Holzgerät über Dampfpflüge und Porsche-Schlepper bis hin zum modernsten Erntegerät wird hier der technische Wandel in der Landwirtschaft der letzten 200 Jahre im deutschsprachigen Raum dargestellt. Direkt unter dem Dach des Schlosses findet man zudem das *Zoologische und Tiermedizinische Museum*, wo es viel Interessantes und Skurriles aus dem Tierreich zu bewundern gibt.

AUF DEN FILDERN
VAIHINGEN – S-BAHN

VON CITY UND GÄU

Von den Fildern her kommend gab es bis in die 1980er-Jahre keine andere Regionalbahnstrecke hinunter in die Stuttgarter City als die Gäubahn. Diese Strecke führt in einem großen Bogen von Vaihingen, immer den Hang entlang, bis zum Hauptbahnhof. Um den Nahverkehr zwischen den Fildern und den Innenstadtbezirken jedoch effektiver zu gestalten und vor allem schnellere Verbindungen zu schaffen, plante man bereits in den 1960er-Jahren – als Teil der unterirdischen Verbindungsbahn im Talkessel – einen Tunnel durch den Hasenberg hinauf auf die Filderebene. Dieser wäre jedoch zu kurz gewesen, um tatsächlich für den Bahnverkehr Vorteile zu bringen. Daher wurden die Pläne zurückgestellt, und der S-Bahnhof *Schwabstraße* war vorerst Endhaltestelle im Talkessel. Als in den 1970er-Jahren jedoch der Universitätsstandort in Vaihingen immer weiter ausgebaut wurde, holte man die Pläne für den Hasenbergtunnel erneut aus der Schublade. Die unterirdische Strecke sollte nun jedoch erheblich länger werden und erst mit der ebenfalls unterirdischen Haltestelle *Universität* in Vaihingen auf den Fildern enden. Direkt nach der Eröffnung der unterirdischen Strecke im Talkessel wurde 1979 mit den Grabungen des 5,5 Kilometer langen Hasenbergtunnels begonnen. 1985 konnten schließlich die ersten **S-Bahnen** die schnellere Verbindung von den Fildern direkt in die City nutzen.

AUF HÜGELN UND IN TÄLERN

AUF HÜGELN UND IN TÄLERN

BAUHÖHE

VON RATHAUS UND HÖHE

Mit ihrem 61 Meter hohen Westturm war die Stiftskirche für Jahrhunderte das höchste Gebäude in Stuttgart. Es galt als ungeschriebenes Gesetz, dass die württembergische Hauptkirche das Stadtbild dominieren sollte und somit keiner dem Herrgott näher kam als sie. Ausgerechnet die Stadt Stuttgart selbst brach jedoch 1905 mit dieser Tradition, als man das neue Rathaus mit einem 68 Meter hohen Turm eingeweiht. Dies wurde von vielen Stuttgartern als Respektlosigkeit der Politiker gegenüber der Kirche empfunden. Beim ersten Hochhaus der Stadt – dem 1928 fertiggestellten Tagblatt-Turm – wollte man den Zorn der Gläubigen lieber nicht auf sich ziehen und beschränkte die Bauhöhe auf 61 Meter, auch wenn man den Turm gerne etwas weiter gen Himmel hätte wachsen lassen. Nachdem das Rathaus im Zweiten Weltkrieg größtenteils zerstört wurde, ließen die für den Wiederaufbau zuständigen Architekten den alten Rathausturm nicht nur komplett mit einer neuen Fassade ummanteln, sie kürzten ihn sogar. Seit 1956 ist der Turm am Marktplatz daher nur noch 60,50 Meter hoch, und der Westturm der Stiftskirche war wieder das Maß der Dinge bei der **Bauhöhe** im Stuttgarter Talkessel – und dies gilt tatsächlich noch heute. Daher findet man den höchsten Kirchturm der Stadt außerhalb der City, in Gablenberg in Stuttgart-Ost. 67 Meter streckt sich dort der Turm der Petruskirche gen Himmel.

AUF HÜGELN UND IN TÄLERN
BAUWICH

VON HÄUSLE UND ZAUN

Der **Bauwich** – jener typische Abstand zwischen den alten Backsteingebäuden, den man vor allem in den Bezirken Süd und West vorfindet – diente nicht nur in Stuttgart dem Brandschutz. Seine ganz besondere Gliederung war jedoch einmalig in Deutschland. Weil der Schwabe gerne die komplette Kontrolle über sein Eigentum – sein Häusle – hat, wurde auch der vorgeschriebene Gebäudeabstand von 2,9 Metern unter den Nachbarn aufgeteilt. Ein über zwei Meter breiter Streifen gehörte jeweils zum einen Haus, um den dort oft befindlichen Seiteneingang erreichen zu können. Durch einen Zaun getrennt, wurde dem Nachbarhaus jeweils der restliche, höchstens 80 Zentimeter breite Streifen des Bauwichs zugeschlagen. So konnten beide Hausbesitzer jeweils um ihr Häusle herumlaufen. Zudem musste man beim Nachbar nicht erst um Erlaubnis fragen, wenn man Veränderungen an der eigenen Hausfassade vornehmen wollte. Noch heute gibt es zwischen vielen alten Häusern diesen Trennzaun. Wurde er jedoch entfernt, damit beide Parteien den Bauwich beispielsweise als Zufahrt zum Hinterhof nutzen konnten, sind die ehemaligen Grenzen oftmals noch an zwei verschiedenen Bodenbelägen zu erkennen.

AUF HÜGELN UND IN TÄLERN

BEZIRKSNAMEN

VON MADE UND RODUNG

Es gibt Stadtteil- und **Bezirksnamen**, deren Ursprung man zumindest erahnen kann. Andere haben sich über Jahrhunderte jedoch so sehr verändert, dass ihre Namen Rätsel aufgeben. Zuffenhausen leitet sich beispielsweise von der Heimat eines Sippenältesten ab. „Das Hausen des Uffo" wandelte sich schließlich zu Zuffenhausen. Vaihingens Namensgeber war zunächst ein gewisser Fogo. Doch erst im späteren „Fügingen" kann man die heute bekannte Bezeichnung einigermaßen erkennen. Einer Person namens Bodo in Verbindung mit einem „Wang" – einer gewölbten Landschaft – verdankt der Bezirk Botnang seinen heutigen Namen. Der Bezirk Weilimdorf ist hingegen nach einem Gebäude benannt. „Weil" leitet sich vom Wort Villa ab – Weilimdorf somit von der „Villa im Dorfe". In Münster stand nie ein mächtiger Kirchenbau, aber ein „Monasterium", was ganz einfach Kloster bedeutet. Auch die Natur war hie und da Namensgeberin. Heumaden hat jedoch nichts mit der Made zu tun, sondern mit der „Mahd" – dem Mähen des Heus also. Riedenberg leitet sich vom „gerodeten" Berg ab. Die Hochhaus-Wohnstadt Asemwald hat ihren Namen wiederum von einem abgebrannten – „abgesengten" – Wald. Ein Wald musste auch für Neugereut weichen. Doch wenn es ein Neugereut gibt, wo befinden sich dann Gereut oder Altgereut? Die Antwort ist einfach: Die gibt es nicht. Denn der Stadtteil entstand ganz einfach auf einem „neu gereuteten" – also neu gerodeten – Waldstück.

AUF HÜGELN UND IN TÄLERN
EINGEMEINDUNG

VON GRENZEN UND GEMEINDEN

Jahrhundertelang bestand Stuttgart lediglich aus der mittelalterlichen Altstadt und den direkt an die Stadtmauer angrenzenden Vorstädten. Erst ab Mitte des 19. Jahrhunderts dehnte sich das Stadtgebiet enorm aus. Lange bevor man von einer **Eingemeindung** sprach, verleibte sich die königliche Hauptstadt auf ihrem Expansionskurs kleinere Dörfer und Gemeinden ein. Den Anfang machte hier das Örtchen Berg am Neckar, das bereits 1836 zu Stuttgart gehören sollte. Gablenberg folgte 1860. In Richtung Süden, Westen und Norden gab es keine unabhängigen Siedlungen und Dörfer. Dort breitete sich die Stadt schrittweise aus. Mit der Eingemeindung Gaisburgs 1901 war schließlich die Ausdehnung des heute als *Innenstadtbezirke* bezeichneten Gebiets nahezu abgeschlossen. Anfang des 20. Jahrhunderts kamen dann die ersten größeren angrenzenden Städte zu Stuttgart. Mit Cannstatt sollte 1905 ein Zusammenschluss erfolgen, der respektvoll als „Vereinigung" bezeichnet wurde. Fakt ist jedoch, dass auch die alte Stadt am Neckar fortan Teil der Stadt Stuttgart war. Drei Jahre später folgte mit Degerloch das erste Gebiet auf den Fildern. Auch in den 1920er- und 1930er-Jahren wurden viele Eingemeindungen vorgenommen. 1942 gingen mit zahlreichen Filder-Gemeinden und Stammheim die letzten Gebiete an Stuttgart. Seither haben sich die Grenzen des Stuttgarter Stadtgebiets nicht mehr verändert.

AUF HÜGELN UND IN TÄLERN
FRIEDHÖFE

VON HENKER UND GOTTESACKER

Auch die letzte Ruhe bleibt nicht für immer ungestört. So mancher **Friedhof** in Stuttgart wurde im Laufe der Zeit einem anderen Zweck zugeführt oder gar überbaut. Der erste kleine Friedhof im Stuttgarter Talkessel befand sich bei der heutigen Stiftskirche. Auch an der Hospitalkirche gab es einst einen Gottesacker. Zu einer Parkanlage umgewandelt wurde – neben dem Hoppenlauffriedhof in der Innenstadt – auch der Alte Friedhof in Feuerbach. Diesen hatte man bereits im 17. Jahrhundert angelegt und Ende des 19. Jahrhunderts aufgehoben. Seit 1915 dient das ehemalige Gräberfeld nun der Naherholung. Längst vergessen sind auch die Friedhöfe rund um das Leonhardsviertel. Ein solcher befand sich bis zum Ende des 18. Jahrhunderts direkt vor der Leonhardskirche. Genau dort, wo Musikliebhaber heute im Gustav-Siegle-Haus Konzerte von Jazz bis Klassik besuchen. Wenige Hundert Meter entfernt, an der Katharinenstraße, legte man im 16. Jahrhundert den Lazarettfriedhof an. Dies wurde nötig, als der Begräbnisplatz bei der Leonhardskirche die vielen Pestopfer nicht mehr aufnehmen konnte. Die am nahen Henkersplatz Hingerichteten wurden dort ebenfalls beigesetzt. Jedoch in einem abgeteilten Bereich, einem sogenannten Armsünderfriedhof, in dem auch Selbstmörder bestattet wurden. Das namensgebende Lazarett befand sich direkt neben dem Gottesacker. Später war das Gräberfeld der sich ausdehnenden Stadt im Weg, und so wurde es schließlich aufgelassen, planiert und als Turnplatz genutzt. 1886 hatte man auf dem selben Areal die Jakobschule fertiggestellt.

GRÜNES U

Man kann vom Schloßplatz in der City bis nach Feuerbach, Weilimdorf oder sogar Vaihingen spazieren, ohne auch nur einmal die Grünflächen verlassen zu müssen. Dies macht der Zusammenschluss vieler innerstädtischer Parkanlagen zwischen Schlossgarten und Feuerbacher Heide möglich. Dieses sogenannte *Grüne U* gehört mit über acht Kilometern Länge und rund 270 Hektar Fläche zu den größten städtischen Grünanlagen Deutschlands. Direkt an die Feuerbacher Heide schließen sich dann die riesigen Waldflächen an, über die man bis zu den Außenbezirken Stuttgarts spazieren kann.

AUF HÜGELN UND IN TÄLERN

GRÜNFLÄCHEN

VON GÄRTNERN UND TIEREN

Die Gärtner der Wilhelma sind nicht nur für die Pflege der Pflanzen im zoologisch-botanischen Garten verantwortlich. Da der Zoo im Besitz des Landes Baden-Württemberg ist, sind die Gärtner auch für seine Pflege und die aller weiteren **Grünflächen** in Stuttgart verantwortlich, die sich in Landesbesitz befinden. Absperrgitter der Wilhelma kommen somit auch bei Arbeiten auf dem Schloßplatz, im Rosensteinpark, im Garten der Villa Reitzenstein, auf Schloss Solitude und bei der Grabkapelle zum Einsatz. Für über 100 Grünanlagen mit einer Fläche von rund 340 Hektar sind 65 Gärtner verantwortlich. Es wird nicht nur gemäht, geschnitten und gepflanzt, auch für die Instandhaltung der Bachläufe, Seen und Teiche sind die Wilhelma-Mitarbeiter zuständig. Die Reinigung des Eckensees vor der Oper – das Ablassen des Wassers und die Entfernung des Schlamms – gehört ebenfalls zu deren Aufgaben. Auch die Tiere der Wilhelma sollen bei all dem Grün nicht zu kurz kommen. Große Teile des Unteren Schlossgartens und des Rosensteinparks werden als Futterwiesen genutzt, weshalb die Gräser dort wuchern dürfen. Die Gärtner der Wilhelma auch außerhalb des maurischen Gartens einzusetzen, war bereits bei König Wilhelm I. die Regel. Auch er vertraute ihnen alle königlichen Grünflächen an.

LUFTSCHUTZBUNKER

Was haben der Marktplatz, der Wilhelmsplatz, der Marienplatz, der Leonhardsplatz, der Karl-Benz-Platz, der Diakonissenplatz und der Wiener Platz gemeinsam? Unter diesen sieben Plätzen befinden sich noch heute ausgediente Schutzbunker, die zwischen den Jahren 1940 und 1941, also zur Zeit des Zweiten Weltkriegs, erbaut wurden. Die Bunker unter dem Markt-, Marien- und Leonhardsplatz dienten nach dem Krieg für einige Jahre sogar als Hotels.

AUF HÜGELN UND IN TÄLERN

MAMMUTBÄUME

VON SAMEN UND RIESEN

In Stuttgart gibt es verhältnismäßig viele alte **Mammutbäume**. Dieser Umstand ist einem Bestellfehler zu verdanken. König Wilhelm I. orderte 1864 ein paar Gramm Samen der amerikanischen Sequoias in Kalifornien. Geliefert wurde jedoch ein halbes Kilo. Man beschloss, die Samen in den Gewächshäusern der Wilhelma auszusäen und die rund 6.000 Setzlinge anschließend im gesamten Königreich Württemberg zu pflanzen. In der Wilhelma gibt es daher nahe dem Bärengehege ein eigenes kleines Mammutbaum-Wäldchen. Im ganzen Stadtgebiet wachsen noch heute ca. 125 der mächtigen Bäume, von denen 13 sogar als Naturdenkmale unter besonderem Schutz stehen. Wenn man von der Lebenserwartung eines Mammutbaums ausgeht, sind die Stuttgarter Exemplare jedoch noch Kleinkinder. Wenn alles gut läuft, dann stehen die hölzernen Riesen auch in 3.000 Jahren noch.

AUF HÜGELN UND IN TÄLERN

NESENBACH

Stuttgart liegt im Nesenbachtal. Das namensgebende Gewässer befindet sich jedoch größtenteils unter der Erde. Der heute bekannte Name Nesenbach tauchte erstmals im 16. Jahrhundert auf. Er wurde vermutlich nach einer wohlhabenden Stuttgarter Familie benannt. Bis dahin waren einzelne Abschnitte des Bachs unter den verschiedensten Namen bekannt. Von der Quelle in Vaihingen bis hinunter zum Neckar hieß das Gewässer daher auch: Kaltentaler Bach, Heslacher Bach, Mühlbach, Alter Bach, Furtbach, Wäschbach, Neuer Bach und Schanzengrabenbächle.

PATERNOSTER

Paternoster – oder Umlaufaufzüge – sind selten geworden in Deutschland. In Stuttgart sind gleich mehrere dieser Aufzüge noch in Betrieb. Einer der bekanntesten befindet sich im Rathausfoyer. Er ist jedoch nicht der einzige in diesem Gebäudekomplex. Ein weiterer befindet sich im rechten Altbauflügel und ein dritter – der jüngste – im linken Rathauspassagenflügel. Weitere Paternoster befinden sich beispielsweise auch in der Markthalle, im Literaturhaus und im Arbeitsgericht im Stuttgarter Westen.

AUF HÜGELN UND IN TÄLERN
RICHTSTÄTTEN

VON KÄFIG UND HEXEN

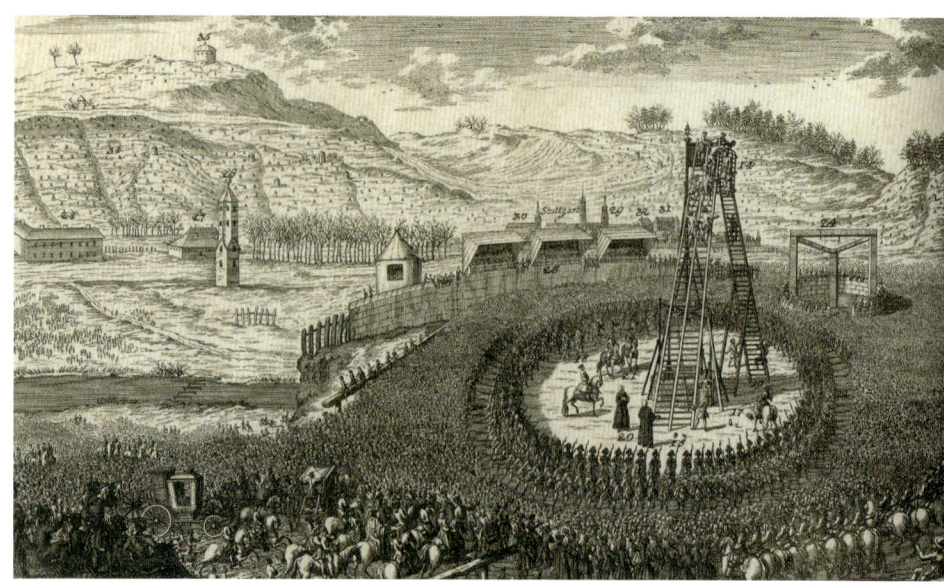

Bis ins 19. Jahrhundert hinein dienten öffentliche Hinrichtungen zur Abschreckung. Häufig nahmen diese Veranstaltungen einen Eventcharakter an. Den Tod durch Hängen fanden Verurteilte ab der Mitte des 15. Jahrhunderts auf dem sogenannten Galgenbuckel im Norden der Stadt. Auf dem ehemaligen Galgenberg – zwischen der Mönch- und Wolframstraße – stehen heute die vier Conradi-Wohnhochhäuser, die in den 1950er-Jahren für Angestellte der Bahn erbaut wurden. Auch der Scheiterhaufen kam in Stuttgart zum Einsatz. So fand beispielsweise 1562 eine Hexenverbrennung auf den Spitaläckern – nahe dem heutigen Hospitalviertel – statt. Auf der wohl bekanntesten **Richtstätte** der Stadt – dem Wilhelmsplatz – wurden die Verurteilten mit dem Schwert enthauptet. Von 1811 an verbannte man die öffentlichen Hinrichtungen jedoch aus der Innenstadt, sie wurden fortan auf der Feuerbacher Heide nahe der Doggenburg durchgeführt. Die Hinrichtungsspektakel vor Publikum wurden von der Bevölkerung jedoch immer häufiger als barbarisch und geschmacklos empfunden und daher 1845 zum letzten Mal veranstaltet. Fortan fanden Hinrichtungen nur noch in den Zuchthäusern statt.

AUF HÜGELN UND IN TÄLERN
SSB

VON BLITZ UND WITWE

Schwaben benutzen gerne Kosenamen, Spitznamen und Verniedlichungsformen. Im öffentlichen Personennahverkehr ist das nicht anders. Die meisten Spitznamen kann hier die Standseilbahn zum Waldfriedhof aufweisen. Davon einmal abgesehen, dass sie auch offiziell nur als Seilbahn bezeichnet wird, ist sie bei den Stuttgartern auch als *Schnürlesbahn* bekannt. Amüsanter wird es bei den Spitznamen *Erbschleicher-Express*, *Lustige-Witwe-Bahn* oder *Witwen-Express*. Die Zahnradbahn – zwischen Marienplatz und Degerloch – wurde von den Einheimischen schon früh als *Zacketse* bezeichnet. Den heute gängigen Name *Zacke* führte die **SSB** in den 1980er-Jahren selbst ein. Auch die Straßenbahn sollte natürlich ihren Kosenamen erhalten. Die beliebte *Strampe* ist jedoch seit 2007 aus dem Stadtbild verschwunden, und die Stadtbahn wird nur selten so bezeichnet. Einen Spitznamen braucht sie im Grunde auch gar nicht, da sie ohnehin wahlweise als U-Bahn oder als Straßenbahn bezeichnet wird. Der ebenfalls bekannte Nickname *Gelber Blitz* – der typischen SSB-Farbe wegen – ist jedoch auch für die Stadtbahnen weiterhin gültig.

AUF HÜGELN UND IN TÄLERN

STADTBAHN

VON BAHNSTEIG UND RÖHRE

Schon in den 1950er-Jahren wurde der Straßenbahnverkehr durch den immer stärker werdenden Individualverkehr ausgebremst. Die Stadt Stuttgart gab daher die Planung eines Gesamtverkehrskonzepts in Auftrag. Das Ergebnis: In der Innenstadt sollte ein unterirdisches Straßenbahnnetz entstehen. Als erste sogenannte Unterpflaster-Straßenbahnhaltestelle entstand bis 1966 die Station Charlottenplatz. Ende der 1960er-Jahre entschied man sich beim weiteren Ausbau, die Bahnsteige und Tunnelröhren für längere und breitere Bahnen vorzubereiten. Eine U-Bahn sollte zukünftig in der gesamten Stadt zum Einsatz kommen. Bereits Mitte der 1970er-Jahre wurde jedoch klar, dass der Betrieb einer kompletten unterirdischen Strecke bei der Stuttgarter Topografie kaum zu finanzieren war. So sprach man fortan lieber von einem Projekt **Stadtbahn** – einer Mischung aus Straßenbahn und U-Bahn. Auf den Einsatz von Niederflurwagen – Straßenbahnen mit ebenerdiger Einstiegsmöglichkeit – verzichtete man daher. 1985 war es dann so weit. Die ersten Stadtbahnzüge kamen zum Einsatz. Dies machte jedoch den Bau von Hochbahnsteigen nötig. Die komplette Umstellung auf einen reinen Stadtbahnbetrieb dauerte 22 Jahre. Das „U" führen die Stadtbahnen trotz des Mischverkehrs in ihrer Bezeichnung, da es in Deutschland das bekannte Symbol für den städtischen Schienenverkehr ist.

AUF HÜGELN UND IN TÄLERN
STADTGEBIET

VON BEZIRKEN UND TEILEN

Die Stadt Stuttgart ist in 23 Bezirke aufgeteilt. Fünf Innenstadtbezirke – Mitte, Nord, Süd, Ost und West – umgeben von 18 äußeren Stadtbezirke. Da die Bezirke jedoch selbst aus dem Zusammenschluss der verschiedensten Ortschaften entstanden sind, setzen auch sie sich wiederum aus einzelnen Stadtteilen zusammen. Ganze 152 dieser Stadtteile gibt es im gesamten **Stadtgebiet**. Oft sind diese namentlich genauso bekannt wie der Bezirk, in dem sie liegen. Heslach im Bezirk Stuttgart-Süd, Berg und Gaisburg in Stuttgart-Ost oder Uhlbach im Bezirk Obertürkheim sind solche Beispiele. Mit 2.089 Hektar ist Vaihingen der flächengrößte Bezirk. Die meisten Einwohner hat jedoch der Bezirk Bad Cannstatt mit rund 70.000 registrierten Bürgern. Mit 6.400 Einwohnern auf 221 Hektar Fläche ist Münster der kleinste der 23 Bezirke. Die Gliederung der Stadt wurde immer wieder verändert und erweitert. Letzte Änderungen fanden erst 2009 statt.

STÄFFELE

Die über 400 Stäffele – die typischen Treppenanlagen im gesamten Stadtgebiet – gehören für Fußgänger zum normalen Stuttgarter Straßennetz. So manche Treppe trägt daher nicht einmal die sonst gängige Bezeichnung Staffel, sondern wird als Straße geführt. Das ist vor allem häufig dann der Fall, wenn eine steil ansteigende Straße als Sackgasse endet, um als Treppenanlage fortgeführt zu werden. So bestehen beispielsweise die Dobelstraße, die Eugenstraße, die Friedenstraße und – passenderweise – die Staffelstraße zum Teil aus einem Straßenzug und aus einem Stäffele.

AUF HÜGELN UND IN TÄLERN
STATUEN

VON EINSCHUSSLOCH UND BRONZE

Als **Statue** hat man es nicht leicht. Man wird versetzt, zerstört, beschossen, eingeschmolzen oder gestohlen. Letzteres geschah mit der Figur der Eva auf der Uhlandshöhe. Die bronzene Dame stand dort seit den 1980er-Jahren, bis ihr das Material, aus dem sie bestand, zum Verhängnis wurde. In einer Sommernacht 2012 wurde die Eva von ihrem Sockel abgesägt und abtransportiert. Später fand man Teile der Statue in Polen wieder. Ihre 120 Kilo schweren Überreste fanden den Weg jedoch zurück nach Stuttgart und wurden vom Künstler neu gegossen. Im selben Jahr ist die Göttin Athene gerade noch einmal mit einem blauen Auge davongekommen. Die steinerne Statue thront über einem Brunnen am Westhang der Karlshöhe und hält einen großen bronzenen Schild in ihrer Hand. Diebe versuchten, auch an dieses begehrte Metall zu gelangen – scheiterten jedoch. Der bereits gelockerte Schild wurde daraufhin vorsorglich eingelagert und durch eine Kopie aus Aluminium ersetzt. Nicht bestohlen, aber beschossen wurde eine der bekanntesten Statuen der Stadt. Die über 150 Jahre alte Göttin Concordia – die hoch über dem Schloßplatz auf der Jubiläumssäule thront – hatte im Zweiten Weltkrieg einige Einschusslöcher erhalten. Auch ihr goldener Götter-Kollege Merkur, an der Alten Kanzlei, hatte sich zu dieser Zeit einige Kugeln eingefangen.

GESCHICHTE UND GESCHICHTEN

GESCHICHTE UND GESCHICHTEN
ÄFFLE UND PFERDLE

VON WILHELMA UND SPOT

Werbefilme wurden in Deutschland erstmals 1960 in der ARD ausgestrahlt. Für diese Premiere wünschte sich der Süddeutsche Rundfunk (SDR) – der zudem für das ARD-Sendegebiet im Südwesten verantwortlich war – unterhaltsame Einspieler zwischen den einzelnen Werbespots. Man war beim Sender der Meinung, dass die Zuschauer ohne eine Pause zwischen den Spots die Werbebotschaft nicht richtig aufnehmen können. Aus diesem Grund erfand der Filmproduzent Armin Lang eine Zeichentrickfigur, die auf dem Stuttgarter Wappentier – dem Stuttgarter Rössle – basiert. Ein Pferdle flimmerte zunächst als stummer Alleinunterhalter in kurzen Schwarz-Weiß-Clips über den Fernsehbildschirm, bis ihm 1963 ein tierischer Partner – ein Äffle – zur Seite gestellt wurde. Das beliebte Affenhaus in der Wilhelma lieferte hierzu die Idee. Beide Charaktere führten fortan einen Dialog auf Schwäbisch und wurden von ihrem Erfinder Armin Lang eingesprochen. Die letzten Einspieler mit **Äffle & Pferdle** wurden beim Südwestrundfunk (SWR) im Jahr 2001 im regulären Werbeblock ausgestrahlt. Als Maskottchen dient das beliebte Paar dem SWR auch weiterhin. Heiko Volz ist heute der kreative Kopf hinter den Geschichten von Äffle & Pferdle, die beispielsweise in Buchform weiterexistieren. Für Radiospots und Werbefilme leiht Volz dem Äffle heute zudem seine Stimme. Das Pferdle wird seit Jahren von Volker Lang, dem Bruder des Erfinders, gesprochen.

GESCHICHTE UND GESCHICHTEN
ARCHITEKTUR

VON MODERNE UND SCHULE

In den 1920er-Jahren gab es einen sichtbaren Umbruch in der Stuttgarter **Architektur**. Den Historismus – das Nachahmen historischer Baustile – hatte man gerade hinter sich gelassen. Die sogenannte *Stuttgarter Schule* galt als neuer Architekturstil jener Zeit. Dieser hatte den Historismus zwar überholt, war jedoch noch nicht so modern wie der ebenfalls neue Bauhaus-Stil. Begriffe wie „klassisch" oder „konservativ" und das Bauen mit natürlichen Materialien prägten die *Stuttgarter Schule*. Doch gab es auch eindeutige Hinweise auf die architektonische Moderne in der Stadt. Auf diese Bauwerke war Stuttgart besonders stolz und warb mit ihnen für die moderne Großstadt. Den Anfang machte hierbei die berühmte Weißenhofsiedlung, die 1927 eine neue Art des Wohnungsbaus darstellte. Vor allem im Jahr 1928 weihte man eine ganze Reihe dieser Meilensteine ein. Dies waren beispielsweise der Hindenburgbau gegenüber dem Hauptbahnhof – welcher ebenfalls kurz zuvor fertiggestellt wurde – und die Oberpostdirektion in der Lautenschlagerstraße. Letztere war, ebenso wie der Tagblatt-Turm – das erste Sichtbetonhochhaus der Welt –, zudem eines der ersten Hochhäuser Stuttgarts. An der Königstraße entstand bis 1928 der Mittnachtbau, ein hochmodernes Bürogebäude. Das modernste Kaufhaus war damals das Schocken in der Eberhardstraße. Außer Letzterem prägen alle Bauwerke noch heute das Stadtbild.

GESCHICHTE UND GESCHICHTEN

BIBEL

VON SCHRIFT UND REKORD

Stuttgart ist die deutsche Bibelhauptstadt. Die bereits 1812 gegründete *Deutsche Bibelgesellschaft* (DBG) – mit Sitz im Bezirk Möhringen – ist die größte und älteste deutsche Bibelanstalt der Bundesrepublik. Rund 500.000 Exemplare des Buchs der Bücher erscheinen jährlich im Eigenverlag der DBG, die es sich zur Aufgabe gemacht hat, die **Bibel** in Deutschland weiter zu verbreiten.

Einen bemerkenswerten Bibel-Rekord hält auch die Württembergische Landesbibliothek. Mit fast 20.000 Bibeln in 652 Sprachen ist sie – nach der British Library in London – im Besitz der zweitgrößten und damit einer der bedeutendsten Bibelsammlungen der Welt. Seit 2015 kann die Heilige Schrift im Bibelmuseum *bibliorama* im Hospitalviertel zudem hautnah erlebt werden.

GESCHICHTE UND GESCHICHTEN

BIER

VON MONOPOL UND BIER

Stuttgart ist eine Stadt des Weines, daher musste sich das **Bier** seinen Platz geradezu erkämpfen. 1640 wurde hier die erste Brauerei erwähnt. Doch diese verschwand schnell wieder, da man rund 20 Jahre später das Bierbrauen ausdrücklich verbot. Es schädige den Weinhandel, so die Begründung. Der wahre Grund war jedoch, dass der Herzog am Weinbau gut verdiente. Dass es ab 1676 plötzlich doch zwei Bierbrauereien in der Stadt gab, hatte einen einfachen Grund: Der Herzog von Württemberg hatte das Monopol auf den Gerstensaft. Das passte der Stadt Stuttgart so gar nicht. Doch es dauerte über 100 Jahre, bis der Herzog der Stadt das Braurecht übertrug und somit ab Ende des 18. Jahrhunderts auch zahlreiche private Brauereien entstehen konnten. Die 1865 gegründete *Brauerei Ritter* in Heslach war eine von ihnen. Ihre Nachbarin, die *Brauerei Englischer Garten*, vereinigte sich 1872 mit der weit älteren *Klosterbrauerei St. Luzen*, die bereits im 16. Jahrhundert gegründet wurde, zur *Württembergisch-Hohenzollerschen Brauereigesellschaft*. Diese schaffte es, in nur elf Jahren zum offiziellen Hoflieferanten des württembergischen Königshofs ernannt zu werden. Nach dem Ersten Weltkrieg schloss sich ihr auch die *Brauerei Ritter* an. Den Namen *Stuttgarter Hofbräu* – und damit den Bezug zum Hoflieferanten – gab sich das Unternehmen jedoch erst nach dem Ende der Monarchie. Mit den Vorgeschichten der einzelnen Brauereien ist *Stuttgarter Hofbräu* somit die älteste noch existierende und zudem die größte Brauerei der Stadt.

GESCHICHTE UND GESCHICHTEN

KÄFER

VON RUNDUNGEN UND FREUDE

Anfang der 1930er-Jahre entwarf Ferdinand Porsche den Plan für einen Kleinwagen. Ausgerechnet der neue Reichskanzler Adolf Hitler wünschte sich ein solches Automobil für jedermann. So ging 1934 der Auftrag an Porsche, ein großserienfähiges Fahrzeug zu konstruieren. In der Garage seiner Villa – am Feuerbacher Weg auf dem Stuttgarter Killesberg – wurden Porsches Pläne schließlich in die Tat umgesetzt. Zwei Jahre später rollten die ersten drei fertigen Wagen des Modells „Kraft durch Freude" aus seiner Garage. Das außergewöhnliche Fahrzeug mit seinen vielen Rundungen hatte alle Testfahrten erfolgreich bestanden und sollte somit in Serie gehen. Bei Wolfsburg wurde eigens für die Fertigung des KdF-Wagens das Volkswagenwerk gegründet. Doch bevor Porsches Automobil dort in Serie produziert werden konnte, wurde das Werk kurzerhand für den Bau von Militärfahrzeugen umgenutzt. Erst nach dem Zweiten Weltkrieg konnte der kleine Porsche unter dem neuen Namen **Käfer** endlich in großem Stil produziert werden. Zwischen 1945 und 2003 – als der letzte Käfer vom Band rollte – wurden 21,5 Millionen Exemplare des „Kugel-Porsches" produziert. Er liegt noch heute bei den meistverkauften Automodellen der Welt auf Rang zwei.

GESCHICHTE UND GESCHICHTEN
KLEINE RAUPE NIMMERSATT

VON NEW YORK UND NIMMERSATT

Unzählige Kinder kennen den kleinen, grünen Vielfraß, die **Kleine Raupe Nimmersatt** – und sie ist ein Stuttgarter. Der Kinderbuchautor Eric Carle wuchs in Stuttgart-Feuerbach auf. Von den kleinen krabbelnden und kriechenden Tieren war er schon als Kind begeistert. Sie zu zeichnen wurde früh ein Hobby des Jungen. Daher entschloss er sich einige Jahre später auch zu einem Studium an der *Akademie der bildenden Künste* auf dem Killesberg. Mit 23 Jahren zog es Carle jedoch in die USA. Dort fand er eine Anstellung als Werbegrafiker bei der *New York Times*. Sein Traumjob war dies jedoch nie. Er begann daher parallel mit dem Schreiben und Zeichnen von Kinderbüchern. Dabei erinnerte er sich vor allem an seine Kindheit in der schwäbischen Heimat und an seine Zeichnungen der kleinen Tierchen. 1969 brachte ihm daher *The Very Hungry Caterpillar* – die kleine Raupe – den Durchbruch. Seinen Job als Werbegrafiker konnte er endlich aufgeben und sich nun ganz auf seine Kinderbücher konzentrieren. Der kleine Nimmersatt frisst sich auch heute noch durch die Kinderzimmer dieser Welt. Carles schwäbische Wurzeln hat man nie vergessen, und so wurde er zuletzt im Jahr 2010 mit dem Verdienstorden des Landes Baden-Württemberg ausgezeichnet.

GESCHICHTE UND GESCHICHTEN
KÖNIGSKRONE

VON GOLD UND PERLEN

Die Krone der Könige von Württemberg wurde niemals von einem Monarchen getragen. Da es in Württemberg nicht einmal eine Krönungszeremonie gab, diente sie rein repräsentativen Zwecken. Zum Einsatz kam sie beispielsweise bei der Eröffnung des Landtags und bei der Aufbahrung des Monarchen. Die Krone wurde 1806 gefertigt, als Württemberg zum Königreich erhoben wurde. Wie sie ursprünglich aussah, weiß man heute nicht mehr, da König Wilhelm I. sie nach seiner Thronbesteigung komplett überarbeiten ließ. 1945 wurden die Kronjuwelen von der französischen Besatzungsmacht beschlagnahmt, jedoch drei Jahre später an Württemberg zurückgegeben. Die kostbare Kopfzierde – besetzt mit Smaragden, Diamanten und Perlen – befindet sich heute im Landesmuseum im Alten Schloss. Bis zum Zweiten Weltkrieg befand sich auf dem Dach des Mittelbaus des Neuen Schlosses eine große, leicht abgewandelte Version der **Königskrone**.

GESCHICHTE UND GESCHICHTEN

LAGE

VON RACHE UND GRAF

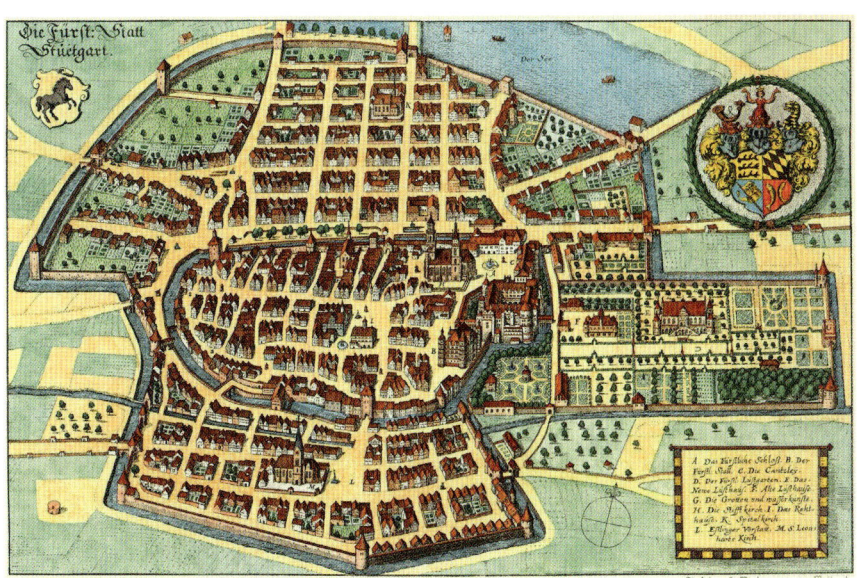

Weshalb liegt Stuttgart eingezwängt in einem Talkessel? Warum wurde die württembergische Residenzstadt fernab großer Flüsse und wichtiger Handelswege in einem sumpfigen Tal gegründet? Verantwortlich hierfür war Graf Ulrich von Württemberg. Dieser verließ seine alte Heimat vorsorglich, nachdem er den Zorn schwäbischer Adeliger auf sich gezogen hatte. Sie waren auf Rache aus, nachdem Ulrich sie und den Staufer-König Konrad verraten hatte. 1246 – mitten in einer entscheidenden Schlacht zwischen dem Stauferkönig und einem vom Papst bestimmten Gegenkönig – wechselte Graf Ulrich nämlich die Seiten und stellte sich damit gegen Konrad und seine Verbündeten. Fortan fühlte sich der Graf weder auf seiner Stammburg hoch über dem Neckartal noch in seiner Heimat Beutelsbach im Remstal sicher, umzingelt von rachsüchtigen Nachbarn. Er saß wie auf dem Präsentierteller. Daher suchte Ulrich nach einem sichereren Ort in geeigneter Lage für einen neuen Stammsitz. Im abgelegenen Örtchen Stuttgart hatte ein Vorfahr des Grafen bereits eine kleine befestigte Anlage errichten lassen, die Ulrich schließlich zu seiner neuen Residenz ernannte und ausbauen ließ. Der Feind war nicht mehr der unmittelbare Nachbar, und unbemerkt konnte sich hier keine Armee nähern. Einzig vom Neckar her war der Stuttgarter Talkessel auf ebener Strecke zu erreichen. Dass sich seine kleine Residenzstadt eines Tages einmal zu einer Großstadt entwickeln würde und über das Tal hinauswachsen sollte, konnte Graf Ulrich nun wirklich nicht ahnen.

GESCHICHTE UND GESCHICHTEN
LEITZ

VON AKTEN UND HEBEL

Als Synonym für den Aktenordner steht in ganz Deutschland der aus Stuttgart stammende Leitz-Ordner. Bereits 1871 gründete der Mechaniker Louis Leitz in Feuerbach eine „Werkstätte zur Herstellung von Metallteilen für Ordnungsmittel". Seine erste Erfindung zur besseren Ablage von Unterlagen war recht unspektakulär. Zwischen zwei Aktendeckeln wurde das Papier hierbei lediglich aufgespießt. Rund 25 Jahre später – den Ringordner gab es bereits – erfand Leitz den bekannten Hebelmechanismus, der das Auseinanderbiegen der Metallbügel wesentlich erleichterte. Die Technik dieses Hebelordners blieb in den letzten knapp 120 Jahren nahezu unverändert. Das Feuerbacher Unternehmen perfektionierte auch den Umschlag des Aktenordners durch die Erfindung der Raumsparschlitze im Deckel und das Griffloch am Ordnerrücken. Durch ihre Qualitätsprodukte und das unverwechselbare Design gelang der Firma, dass in Deutschland der Namen **Leitz** für jede Art von Aktenordner steht. Heute befindet sich am Firmensitz in Stuttgart-Feuerbach jedoch nur noch die Verwaltung. Louis Leitz starb 1918 und fand auf dem Pragfriedhof seine letzte Ruhestätte.

GESCHICHTE UND GESCHICHTEN
ORCHESTER

VON RADIO UND DIDGERIDOO

In Stuttgart gibt es zahlreiche **Orchester**. Das älteste von ihnen ist das *Württembergische Staatsorchester*, das seinen Dienst primär an der Oper versieht. Es wurde bereits im 16. Jahrhundert als Hofkapelle gegründet und gehört heute zu den besten Orchestern Deutschlands. Mit den *Stuttgarter Philharmonikern* hat die Landeshauptstadt zudem ihr eigenes Orchester. Es wurde 1924 gegründet und hat seit 1994 seine Heimat in der *Philharmonie Gustav-Siegle-Haus* im Leonhardsviertel. Auch das *SWR-Sinfonieorchester* zählt zu den besten Klangkörpern der Republik. Es entstand 2016 durch die Vereinigung der Orchester in Stuttgart – gegründet 1945 beim damaligen Sender *Radio Stuttgart* – und Baden-Baden/Freiburg. Der Sitz des fusionierten Sinfonieorchesters befindet sich nun ebenfalls in der Landeshauptstadt. Bei den Liebhabern klassischer Musik haben sich auch Orchester wie das *Bach-Collegium*, das *Stuttgarter Kammerorchester*, das *Barockorchester Stuttgart* oder die *Stuttgarter Saloniker* einen Namen gemacht. Eines der jüngsten und wohl ungewöhnlichsten Instrumentalensembles ist das 2010 gegründete *Orchester der Kulturen*. Die Kombination von klassischen europäischen sowie internationalen Instrumenten und Sängern ist weltweit einmalig. Es soll die Vielfalt der Kulturen in einer globalisierten Welt durch die Musik widerspiegeln. Neben Klassikern wie Oboe, Bass und Klavier kommen hier auch Instrumente wie die indische Langhalslaute Sitar, das australische Didgeridoo oder die Kora – eine afrikanische Stegharfe – zum Einsatz.

GESCHICHTE UND GESCHICHTEN

SPEISEN

VON NUGAT UND PFERDEAPFEL

Wien hat seine Sachertorte, Nürnberg den Lebkuchen und Dresden den Christstollen. Aber welche Süßspeise ist typisch für die Schwabenmetropole? Natürlich die *Stuagerder Roßbolla*. Eine Praline, die übersetzt „Stuttgarter Pferdeapfel" bedeutet, scheint wunderbar zum eher derben schwäbischen Humor zu passen. Die Schokoladenpraline mit Nugat- und Schoko-Vanille-Cremefüllung macht ihrem Namen äußerlich zwar alle Ehre, ist jedoch eine köstliche Leckerei. Wie Stuttgart zu diesem sonderbaren Confiserieprodukt kam, mag man sich fragen. Überliefert ist jedoch nur eine amüsante Legende, der zufolge einst zwei Marktfrauen in einen heftigen Streit gerieten, bis die eine vom Boden einen Pferdeapfel aufhob und ihn der anderen direkt in den Mund steckte. Die andere Frau stutzte nur kurz, und anstatt den Pferdeapfel auszuspucken, nuschelte diese nur: „Ond der bleibt jetzt so lang in dr Gosch, bis d'Bolizei kommt!" Ob dies tatsächlich die Geburtsstunde der Praline war, darf jeder für sich selbst entscheiden. Weitere typische Stuttgarter **Speisen** sind übrigens der *Gaisburger Marsch* – benannt nach einem Stadtteil – und das *Stuttgarter Hutzelbrot*. Ein solches Früchtebrot spielt sogar in Eduard Mörikes Märchen *Das Stuttgarter Hutzelmännlein* eine Rolle.

GESCHICHTE UND GESCHICHTEN
SPIELWAREN KURTZ

VON ZINN UND TEDDYBÄR

Es ist ein weiter Weg von der Produktion von Feuerwehrspritzen bis zum Verkauf von Teddybären. Seit 1803 war die Familie Kurtz in Stuttgart als Spritzenfabrikant tätig. Der junge Karl Wilhelm Kurtz eröffnete 30 Jahre später in der Kirchstraße – nahe dem Marktplatz – eine Zinnwarenhandlung. Dort konnte man vor allem Geschirr und Kirchenbedarf erwerben. Taufschalen, Taufkannen, Abendmahlgeräte und Opferteller gingen über Kurtz' Ladentheke, und so findet man noch heute in vielen deutschen Kirchen seine Produkte. Als später Karl Wilhelms Sohn Hermann das Geschäft übernahm, verlagerten sich Ende des 19. Jahrhunderts die Produktion und der Vertrieb des Unternehmens mehr und mehr auf Zinnfiguren. Dies führte schließlich dazu, dass im 20. Jahrhundert das gesamte Sortiment aus Spielwaren bestand. Jahrzehntelang befand sich **Spielwaren Kurtz** direkt am Marktplatz. Das Unternehmen entwickelte sich zum führenden Spielwarenhändler der Stadt und wurde so über die Grenzen Stuttgarts hinaus bekannt. Noch heute befindet sich das Spielwarengeschäft im Herzen der Stadt, in der Sporerstraße gegenüber der Markthalle. Bis 1997 blieb das Unternehmen im Besitz der Familie Kurtz, bis es schließlich Teil der Vedes-Gruppe wurde.

GESCHICHTE UND GESCHICHTEN
STEIFF

VON ROOSEVELT UND PLÜSCH

Die Idee zum weltberühmten *Teddybär* entstand in Stuttgart. Richard Steiff – der Neffe der Spielwarenherstellerin Margarete Steiff – absolvierte die Kunstgewerbeschule in Stuttgart. Immer wieder besuchte er in dieser Zeit den nahe gelegenen *Nill'schen Tiergarten*, einen Privatzoo im Norden der Stadt. Richard Steiff saß dort meist vor dem Braunbärengehege und zeichnete die Tiere. Diese Zeichnungen gelten als direkte Vorlage für den ersten *Steiff-Bären*, der 1903 auf der Leipziger Spielwarenmesse vorgestellt wurde. Der Prototyp-Bär trug den Namen *55 PB* (55 cm/Plüsch/Beweglich). Um seine Karriere zum berühmtesten Bären der Welt ranken sich mehrere Legenden. In der amerikanischen Version erfand den heutigen Plüschbär freilich ein Amerikaner. In der deutschen Geschichte fand der *55 PB* seinen Weg in die Auslage eines amerikanischen Spielwarenladens. Ein Sekretär Theodore „Teddy" Roosevelts erwarb den Plüschbären, der ein Geschenk an Roosevelts Tochter werden sollte. Diese war begeistert vom Steiff-Bären und benannte ihn nach ihrem Vater Teddy. Daraufhin wurde das Maskottchen des Präsidenten tausendfach bei der Firma **Steiff** bestellt. Den *Nill'schen Tiergarten* gibt es leider seit 1906 nicht mehr, den *Teddybär* von Richard Steiff dafür in vielen Varianten noch heute.

GESCHICHTE UND GESCHICHTEN

Auf den Straßen Stuttgarts war das erste motorisierte Taxi der Welt im Einsatz. Der mutige Unternehmer Friedrich Greiner bestellte bei der *Gottlieb Daimler Motoren-Gesellschaft* das erste Automobil, das mit einem Taxameter ausgestattet war. So gründete dieser 1897 die erste *Motor-Wagen-Kutscherei* der Welt. Auch ohne Pferdegespann saß der Fahrer jedoch weiterhin auf einem Kutschbock, die Reisenden im beheizbaren Fahrgastraum.

GESCHICHTE UND GESCHICHTEN
THIENEMANN VERLAG

VON MOMO UND GESPENST

Das kleine Gespenst, *Der kleine Wassermann* und *Die kleine Hexe* sind alle kleine Stuttgarter. Die bekannten Kinderbuchfiguren des Autors Otfried Preußler – wie auch *Der Räuber Hotzenplotz* – erscheinen seit den 1950er- und 1960er-Jahren im **Thienemann Verlag** in der Blumenstraße am Olgaeck. Auch Preußlers *Krabat* sollte später zum Thienemann-Repertoire gehören. Die berühmte *Unendliche Geschichte* von Michael Ende hatte ihre Premiere ebenfalls im Stuttgarter Kinderbuchverlag. Ende war jedoch bereits vor diesem Bestseller bei Thienemann kein Unbekannter. Sein Kinderbuchklassiker *Momo* erschien dort schon 1973, und noch früher – nämlich in den 1960ern – *Jim Knopf und Lukas der Lokomotivführer*. Der Verlag wurde 1849 von Karl Thienemann gegründet und hat sein Sortiment nach und nach erweitert. Erst 2014 fusionierten die Stuttgarter mit dem *Esslinger Verlag* zur *Thienemann-Esslinger Verlag GmbH* mit Hauptsitz in der Blumenstraße. Zu Thienemann-Esslinger gehören auch die übernommenen Verlage *Edition Erdmann* in Lenningen und der Wiener *Gabriel Verlag*.

WEIN

Stuttgart war im 16. und 17. Jahrhundert nach Wien und Würzburg die drittgrößte Weinbaugemeinde im deutschsprachigen Raum. In besonders heißen Sommermonaten war im eher wasserarmen Stuttgart häufig mehr Wein als trinkbares Wasser vorhanden. Dann war der Rebensaft günstiger zu erwerben als Trinkwasser. Durch den hohen Ertrag wurde es zudem immer wieder nötig, den Wein des Vorjahres wegzuschütten, um in den Fässern Platz für den neuen Jahrgang zu machen. Der alte Wein wurde daher häufig auch zum Anrühren von Mörtel verwendet.

PERSONEN

PERSONEN
SAMUEL BECKETT

VON BECKETT UND JOE

Der irische Schriftsteller **Samuel Beckett** verbrachte einige Zeit in Stuttgart, um hier mit dem Süddeutschen Rundfunk zusammenzuarbeiten. Da er mit dem britischen Sender BBC unzufrieden war, wollte er sein erstes Fernsehspiel – das Werk *He, Joe* – 1966 in Stuttgart produzieren. Mit der effektiven Arbeitsweise der Schwaben war er sehr zufrieden und kooperierte daher über Jahre hinweg mit dem SDR. Auch sein letztes Fernsehspiel *Nacht und Träume* – das er ebenfalls selbst inszenierte – wurde 1983 in Stuttgart gedreht. Mit allen Beteiligten sprach Beckett auf Deutsch und warf daher auch immer ein strenges Auge auf die Übersetzungen seiner Werke. Besonders häufig war der Autor in seiner Freizeit im Schlossgarten anzutreffen, da der Sender nur einen Steinwurf entfernt lag. Über die Neckarstraße – die Adresse des Senders – hatte der Literatur-Nobelpreisträger sogar ein paar – wenig schmeichelhafte – Zeilen geschrieben: *Vergeßt nicht beim Stuttgart-Besehen / die Neckarstraße zu gehen. / Vom Nichts ist an diesem Ort / der alte Glanz lange fort. / Und der Verdacht ist groß / hier war schon früher nichts los.*

PERSONEN
GIACOMO CASANOVA

VON CASANOVA UND FLUCHT

Einer der bekanntesten Herzensbrecher, **Giacomo Casanova**, besuchte auf einer seiner vielen Reisen im April 1760 auch Stuttgart. Der venezianische Abenteurer war zu jener Zeit bereits eine Berühmtheit. Nach Stuttgart war er primär gekommen, um seine Freundinnen zu besuchen, die beim hiesigen Ballett tanzten. Einen bleibenden Eindruck hatte Casanova auch ohne Frauengeschichten in der württembergischen Residenz hinterlassen. Beim Besuch des Balletts applaudierte er begeistert seinen Freundinnen auf der Bühne. Dies tat er jedoch am lautesten von allen und – ein Fauxpas – noch bevor der Herzog selbst geklatscht hatte. Am Abend darauf entschloss er sich, in eine Spelunke mit einigen Offizieren Karten zu spielen. Dabei trank er reichlich Wein. Die Offiziere halfen der berauschenden Wirkung mit Gift nach, bis ihr Opfer auf einer Trage in seine Unterkunft im Gasthaus Bären – in der Bärenstraße hinter der Markthalle gelegen – getragen werden musste. Seine hohen Spielschulden hatte er zuvor jedoch nicht beglichen. Aus diesem Grund hinderten die Offiziere den Venezianer durch einen Wachposten vor der Tür am Verlassen des Gasthofs. Casanovas Freundinnen vom Ballett eilten dem Frauenheld daraufhin zu Hilfe. Mit ihren weiblichen Reizen und reichlich Wein lenkten sie die Wache ab, sodass ihr gefangener Freund sich aus dem Gasthof herausschleichen konnte. Noch bevor es zu einem Prozess gegen Casanova kommen konnte, endete dessen Besuch in Stuttgart in jener Nacht mit einer Flucht über die Stadtmauer und durch den Wassergraben.

EHRENBÜRGER

1801 verlieh Stuttgart zum ersten Mal das Ehrenbürgerrecht. 46 Personen wurde diese Ehre bis heute zuteil. Zu ihnen zählen Ferdinand Graf von Zeppelin – der auf dem Pragfriedhof beigesetzt wurde –, Otto Fürst von Bismarck, Robert Bosch, Theodor Heuss, Richard von Weizsäcker und Manfred Rommel. Zuletzt wurde 2012 der ehemalige Oberbürgermeister Wolfgang Schuster zum Ehrenbürger Stuttgarts ernannt. Nur zwei Personen wurde das Ehrenbürgerrecht wieder entzogen: 1946 Adolf Hitler und erst 2010 dem Reichspräsidenten Paul von Hindenburg.

PERSONEN

FRIEDRICH

Seine Neugier sollte König **Friedrich** von Württemberg das Leben kosten. Als man im Oktober 1816 am Cannstatter Seelberg in einer Lehmgrube auf eine Ansammlung von Mammutstoßzähnen stieß, eilte der König sofort zur Fundstelle, um bei den weiteren Ausgrabungen anwesend zu sein. Das nasskalte Wetter interessierte den Monarchen dabei nicht. Sein Interesse an den sonderbaren Riesenzähnen war einfach zu groß. So zog sich König Friedrich an jenem Tag eine schwere Lungenentzündung zu, an der er kurze Zeit später in Stuttgart starb.

PERSONEN

FRL. WOMMY WONDER

VON SCHWÄBISCH UND TRAVESTIE

Stuttgarts bekanntester Travestiekünstler – **Frl. Wommy Wonder** – steht bereits seit 1984 auf der Bühne. Die Rolle des Fräuleins mit dem frechen Mundwerk wird von Michael Panzer verkörpert, der aus dem Oberschwäbischen stammt. Bevor dieser seine Karriere als Frl. Wommy Wonder startete, schloss er zunächst ein Studium in katholischer Theologie und Germanistik ab. Von der Schwäbischen Alb führte der Weg des Fräuleins über Tübingen nach Stuttgart, wo es seit 1995 eine feste Größe im Showprogramm ist. Wommy Wonder unterhielt ihr Publikum bereits im Renitenztheater, im Theaterhaus, im Friedrichsbau-Varieté und in der SpardaWelt. In ihren eigenen Kabarett-Shows schlüpft Wommy zudem in wechselnde Damenrollen und singt ihre eigenen Chansons. Neben einem breiten Schwäbisch sind ihr Markenzeichen vor allem die wechselnden Kunststoffperücken. Die Bekanntheit von Michael Panzers schillerndem Alter Ego hatten sich auch die Stuttgarter Straßenbahnen (SSB) zunutze gemacht und Frl. Wommy Wonder als Werbefigur engagiert. Zahlreiche Engagements führen sie zudem auf Bühnen in der gesamten Republik. Da sich Wommy auch für den Stuttgarter Christopher Street Day engagiert, führte sie bereits häufiger durch das Programm der CSD-Gala.

PERSONEN

WILHELM FRIEDRICH HEGEL

VON SCHILLER UND LORIOT

Stuttgart war einst ein Mekka deutscher Dichter und Denker. Viele Schriftsteller und Philosophen lebten und wirkten im 18. und 19. Jahrhundert in der württembergischen Hauptstadt. Unter anderem waren Ludwig Uhland, Friedrich Schiller, Eduard Mörike, Wilhelm Raabe, Wolfgang Menzel, Friedrich Haug und Christian F. D. Schubart hier wohnhaft. Friedrich Hölderlin, Justinus Kerner, der Däne Hans Christian Andersen sowie Johann Wolfgang von Goethe – ein guter Freund Schillers – waren ebenfalls Gäste der Stadt. Gustav Schwab und Wilhelm Hauff wurden in Stuttgart geboren. Der wohl berühmteste Sohn der Stadt ist jedoch der Philosoph Georg **Wilhelm Friedrich Hegel**. Er wurde 1770 in einem kleinen Häuschen an der heutigen Eberhardstraße geboren. Der junge Hegel besuchte das Eberhard-Ludwigs-Gymnasium, in dem später auch Schwab, Mörike und Vicco von Bülow alias Loriot Schüler sein sollten. Hegel gilt als einer der wichtigsten Vertreter des Idealismus in Deutschland. Sein Geburtshaus existiert noch immer und beherbergt heute das Museum Hegel-Haus. Die dortige Ausstellung befasst sich mit Stuttgart zu Lebenszeiten Hegels und mit den verschiedenen Lebensstationen des Philosophen.

PERSONEN
THEODOR HEUSS

VON HEUSS UND HAUS

Heute geht man auf der Ausgehmeile *Theo* am Wochenende feiern. Viele der Feiernden wissen jedoch kaum mehr, dass **Theodor Heuss** der erste Bundespräsident der 1949 neu gegründeten Bundesrepublik Deutschland war. Der Schwabe erreichte während seiner zehnjährigen Amtszeit Bedeutendes für das Ansehen von Nachkriegsdeutschland in der Welt. Heuss war ein sehr sozialer Mann, daher geht der *Verdienstorden der Bundesrepublik Deutschland* auch auf eine von ihm gegründete Stiftung zurück. Nach seiner Amtszeit 1959 wollte er seinen Lebensabend in Stuttgart verbringen und ließ sich daher ein relativ schlichtes Einfamilienhaus auf dem Killesberg bauen. Seine Frau Elly Heuss-Knapp war bereits 1952 verstorben und auf dem Waldfriedhof in Degerloch beigesetzt worden. Dort wurde 1963 auch Theodor Heuss beerdigt. Sein Wohnhaus am Feuerbacher Weg erwarb später eine Stiftung, die es sanieren und zu einem Museum umbauen ließ. Hierfür wurden beispielsweise Heuss' Arbeits-, Wohn- und Esszimmer rekonstruiert. Neben den Lebensstationen des Altpräsidenten ist dort die politische Situation Deutschlands zu seinen Lebzeiten ein Thema der Ausstellung. Das *Theodor-Heuss-Haus* wurde 2002 von einem Nachfolger Heuss' – dem damaligen Bundespräsidenten Johannes Rau – eröffnet.

PERSONEN
___
KATHARINA

VON BANK UND MÄDCHEN

Den Namen von Königin **Katharina** findet man noch häufig in der Stadt. Dabei lebte die russische Zarentochter lediglich drei Jahre am württembergischen Hof. Katharina und Kronprinz Wilhelm von Württemberg heirateten im Januar 1816 in Sankt Petersburg. Im Oktober desselben Jahres verstarb Wilhelms Vater, König Friedrich. Dieser wurde somit als Wilhelm I. zum neuen König von Württemberg und Katharina zu seiner Königin. Vor allem für die einfachen Bürger setzte sich Katharina mit großer Hingabe ein. Sie gründete einige wohltätige Institutionen, die noch heute existieren. So wurde beispielsweise auf Anordnung Katharinas eine Bank für Kleinsparer gegründet – die *Württembergische Sparkasse*. Als *Landesbank Baden-Württemberg (LBBW)* gehört diese heute zu den größten Landesbanken Deutschlands. Um auch Mädchen, die nicht aus adligem Haus stammten, eine höhere Schulbildung ermöglichen zu können, gründete die Königin eine eigene Schule. Katharina selbst entschied über den Lehrplan, die Ausstattung und die Schulkleidung. Das Königin-Katharina-Stift existiert als Gymnasium noch heute an der Schillerstraße. Auch die Idee, für die bedürftigen Bürger ein Lazarett errichten zu lassen, stammte von der Königin. Der Grundstein für dieses Lazarett konnte jedoch erst ein Jahr nach dem frühen Tod Katharinas im Januar 1819 gelegt werden. Das auf ihren Namen getaufte Katharinenhospital konnte 1828 schließlich eingeweiht werden.

PERSONEN

KATHARINA UND WILHELM

VON LIEBE UND REUE

„Die Liebe höret nimmer auf", steht über dem Portal der Grabkapelle auf dem Württemberg geschrieben. Das Mausoleum thront seit 1824 hoch über dem Neckartal und wurde als letzte Ruhestätte für die jung verschiedene Königin **Katharina** erbaut. Die russische Zarentochter verstarb bereits fünf Jahre zuvor, aber ihr Gatte – König **Wilhelm I**. von Württemberg – wünschte sich für seine Königin eine angemessene Grabstätte. Um diese in bester Lage errichten zu können, ließ Wilhelm I. sogar die Ruine der alten Stammburg der Württemberger an jener Stelle abreißen. Er handelte aus Reue, so sagte man es dem König nach. Katharina war erst knapp zwei Jahre mit Wilhelm verheiratet, als dieser ein Verhältnis mit einer anderen Frau begann. Die Legende besagt, dass die junge Königin sich in einer Winternacht in ihrem Frust – nur mit einem dünnen Kleid bekleidet – in den Schlossgarten begeben hatte, um ihrem Gatten beim Fremdgehen aufzulauern. Dabei zog sie sich eine schwere Grippe zu, an deren Folgen sie schließlich verstarb. Der Bau der Grabkapelle hatte gerade erst begonnen, als der König erneut heiratete. Ob aus Reue oder wahrer Liebe zu Katharina – der König plante nie ein Gemeinschaftsgrab mit seiner späteren Gattin Pauline, sondern ließ sich 45 Jahre nach dem Tod Katharinas ebenfalls in der Grabkapelle auf dem Württemberg beisetzen.

PERSONEN

KÖNIGE

VON KÖNIGIN UND EHRUNG

Als Württemberg 1806 zum Königreich erhoben wurde, sollten in der Residenzstadt Straßen und Plätze fortan auch die Namen der **Könige** und ihrer Familienmitglieder tragen. Die Königstraße wurde zum Gedenken an die Erhebung zum Königreich benannt und ist keinem speziellen Monarchen gewidmet. Die Friedrichstraße, die Wilhelmstraßen, die Wilhelmsplätze, der Königsplatz und die König-Karl-Straße sind hingegen direkt nach drei der vier württembergischen Könige benannt.

Mit der Katharinenstraße, dem Katharinenplatz, der Paulinenstraße und der Olgastraße wurden auch die Königinnen geehrt. Selbst der Charlottenplatz und der Marienplatz wurden nach ehemaligen Gattinnen der Kronprinzen und zukünftigen Könige benannt. Zu Königinnen wurden die beiden Damen jedoch nie. Durch die Sophienstraße und die Augustenstraße wurden zudem zwei Königstöchter in Straßennamen verewigt.

PERSONEN
MONARCHEN

VON EHEN
UND KINDERN

Die Familienverhältnisse der **Monarchen** waren schon immer recht verworren. Die württembergischen blieben diesbezüglich keine Ausnahme. Viele Frauen, viele Kinder, wenig Auswahl an Vornamen. Zur Not wurden die Namen eben durchnummeriert. Der Versuch einer Zusammenfassung: Vor dem Ende der Monarchie war Württemberg ein Königreich. Es gab vier Könige – Friedrich, Wilhelm I., Karl, Wilhelm II. – und fünf Damen, die den Titel der Königin trugen. *Friedrich* war zweimal verheiratet. Den Titel Königin trug aber nur *Charlotte Auguste*. Sein Sohn *Wilhelm I.* – aus erster Ehe – war sogar dreimal verheiratet. Er hatte zwei Königinnen. Zunächst *Katharina* – die nach nur wenigen Jahren als Königin verstarb – und schließlich *Pauline*. *Pauline* war auch die einzige Königin, die einen Kronprinzen zur Welt brachte. Ihr Sohn *Karl* machte *Olga* zu seiner Königin. *Karl* war jedoch homosexuell und hatte daher keine eigenen Nachkommen. Der Titel des Königs ging somit an den Sohn seiner Schwester über. *Wilhelm II.* war schließlich der vierte und letzte König von Württemberg und zweimal verheiratet. Nach dem Tod der ersten Gattin heiratete er *Charlotte* und machte sie zur fünften und letzten Königin Württembergs.

PERSONEN
OLGA

VON NIKOLAUS UND OLGÄLE

Zu den traditionellen Aufgaben einer Königin von Württemberg gehörte es auch, sich sozial zu engagieren. Dies war bei Königin **Olga** – der Gattin König Karls – nicht anders. Bereits seit den 1840er-Jahren existierte ein Kinderkrankenhaus in der Stadt. Dieses unterstützte Olga schon bald nach ihrer Ankunft in Stuttgart und sorgte später für einen angemessen Neubau. *Olgahospital* sollte das Krankenhaus fortan heißen. Den meisten Stuttgartern ist es jedoch als *Olgäle* bekannt. Durch die Unterstützung der Königin entstand zudem eine Blindenanstalt. Menschen mit Sehbehinderungen sollte hier in jeder Lebenslage Hilfe erhalten. Diese *Nikolauspflege* – benannt nach Olgas Vater Zar Nikolaus I. – gehört heute zu den größten Einrichtungen dieser Art in Deutschland. Auch an Projekte ihrer Vorgängerinnen knüpfte Olga an. Da die bereits bestehende Mädchenschule – das *Königin-Katharina-Stift* – aus allen Nähten platzte, stiftete Königin Olga ein weiteres Schulgebäude an der Johannesstraße im Stuttgarter Westen. Am *Königin-Olga-Stift* Gymnasium werden noch heute Schüler unterrichtet. Auch eine Krankenpflegeschule in Heilbronn wurde von der Königin unterstützt. Die Schwestern dieser Einrichtung – die sich selbst Olgaschwestern nannten – gründeten 1894 im Stuttgarter Osten ein Krankenhaus mit integrierter Pflegeschule. Zu Ehren des kurz zuvor verstorbenen Königspaares sollte es den Namen Karl-Olga-Krankenhaus erhalten.

VORFAHREN UND NACHKOMMEN

Albert Einsteins Mutter stammt aus Bad Cannstatt. Seine Großmutter – Jette Koch – wurde daher auch auf dem Steigfriedhof im Stadtteil Altenburg beigesetzt. Carl von Schiller, der Sohn des Dichters Friedrich Schiller, liegt auf dem Fangelsbachfriedhof in Stuttgart-Süd begraben. Dieses Grab wurde 2008 geöffnet, um von Carls sterblichen Überresten DNA-Proben zu entnehmen. Das sollte ermöglichen, einen der beiden in Weimar liegenden Totenschädel seinem Vater zuzuordnen. Das Ergebnis überraschte: Keiner von beiden Köpfen war der Friedrich Schillers.

PERSONEN
CLARA ZETKIN

VON LENIN UND LUXEMBURG

Clara Zetkin, eine der bedeutendsten Kämpferinnen für Frauenrechte, lebte und wirkte 35 Jahre lang in Stuttgart. Aufgrund der politisch recht liberalen Einstellung Württembergs zog es sie 1891 nach Sillenbuch bei Stuttgart. Hier wurde sie Herausgeberin der Frauenzeitschrift *Die Gleichheit*. Die politisch sehr aktive Zetkin – zunächst in der *SPD* und schließlich Mitglied der Kommunistischen Partei Deutschlands *(KPD)* – war eng mit Rosa Luxemburg befreundet, einer Mitstreiterin im Kampf für mehr Frauenrechte. 1907 fand in Stuttgart der erste und einzige *Internationale Sozialistenkongress* auf deutschem Boden statt, der auf dem Cannstatter Wasen eröffnet und in der Liederhalle fortgesetzt wurde. Am Kongress nahm auch Lenin teil, mit dem Zetkin später bis zu seinem Tod eine innige Freundschaft pflegen sollte. Zeitgleich fand in der Stadt die erste *Internationale Sozialistische Frauenkonferenz* statt, zu der Abgesandte aus 15 Ländern anreisten. Hier wurde Clara Zetkin zur Vorsitzenden des *Internationalen Frauensekretariats* gewählt. Sie setzte sich zudem intensiv dafür ein, dass am 19. März 1911 der erste Weltfrauentag gefeiert werden konnte. Ab 1920 war Zetkin für die KPD im Reichstag aktiv. Als jedoch 1933 die Nationalsozialisten in Deutschland an die Macht kamen, zog sie sich zu ihren kommunistischen Genossen nach Moskau zurück, wo sie noch im selben Jahr verstarb. Die Urne mit ihrer Asche trug Stalin persönlich zur Nekropole an der Kremlmauer, wo sie beigesetzt wurde.

STICHWORTVERZEICHNIS

A

ÄFFLE UND PFERDLE 218
AKADEMIE DER BILDENDEN KÜNSTE 88
ALTE KANZLEI 8
ALTES FEUERWEHRHAUS 106
ALTES SCHAUSPIELHAUS 10
ALTES SCHLOSS 11, 12
ALTES SCHÜTZENHAUS 106
ALTES WAISENHAUS 13
ARCHITEKTUR 219

B

BÄRENSCHLÖSSLE 142
BASF 143
BAUHÖHE 200
BAUWICH 201
BECKETT 236
BERGFRIEDHOF 126
BERLINER MAUER 14
BERLINER PLATZ 14
BEZIRKSNAMEN 202
BIBEL 220
BIER 221
BISMARCKTURM 89
BOHNENVIERTEL 15
BOLLWERK 16
BOPSERANLAGE 107
BOPSERSTRASSE 16
BRENZKIRCHE 90
BREUNINGER 17
BREUNINGER-BAD 18
BREZELKÖRBLE 19
BURGHOLZHOF-HOFTURM 159

C

CANNSTATTER WASEN 160, 161, 162
CASANOVA 237
CITY-RING 20
CLARA ZETKIN 249

D

DAMASZENERHALLE 176
DELPHI-KINO 21
DISKOTHEKEN 21
DOROTHEEN-PLATZ 22

E

EHRENBÜRGER 238
EIERNEST 108
EINGEMEINDUNG 203
EISENBAHNBRÜCKE 163
ERNST KLETT AG 144
ESSLINGER STEIGE 22
EUGENSPLATZ 23
EUGENSTAFFEL 24
EUROPAVIERTEL 25

F

FERDINAND-LEITNER-STEG 26
FERNSEHTURM 187, 188
FISCHMARKT 27
FLOHMARKT 28
FLUGHAFEN 193
FLÜSTERHALLE 176

G

GAISBURGER KIRCHE 128
GAISBURGER GASKESSEL 127
GÄNSEPETER-BRUNNEN 145
GASTHOF ZUM RITTER 189
GEFÄNGNIS 146, 164
GRABKAPELLE 181
GRÜNES U 205
GRÜNFLÄCHEN 206

H

HALLENBAD HESLACH 109
HASENBERGTURM 147
HAUPTBAHNHOF 30
HAUPTBAHNHOF TURM 29
HAUS DER GESCHICHTE 31
HAUS DER WIRTSCHAFT 32
HEGEL 241
HESLACHTUNNEL 110
HEUSS 242
HOF-APOTHEKE 33
HÖHENPARK KILLESBERG 91
HOSPITALKIRCHE 34
HOSPITALVIERTEL 35
HOTEL SILBER 36

I

INSELBAD 180

J

JUSTIZVIERTEL 37

K

KÄFER 222
KAISER-BAU 111
KARLSHÖHE 111, 112
KATHARINA 244
KILLESBERG 91
KILLESBERGBAHN 92
KILLESBERGTURM 93
KLEINE RAUPE NIMMERSATT 223
KLEINER SCHLOSSPLATZ 38
KOCHENHOFSIEDLUNG 94
KÖNIGE 245
KÖNIG FRIEDRICH 239
KÖNIGIN-OLGA-BAU 40
KÖNIG-KARLS-BRÜCKE 165
KÖNIGSKRONE 224
KÖNIGSTOR 41
KÖNIG VON ENGLAND 39
KÖNIG-WILHELM-VIADUKT 166
KRIEGSMINISTERIUM 41
KRONPRINZSTRASSE 42
KULTURMEILE 43
KULTURPARK BERG 129
KUNSTGEBÄUDE 44, 45
KURSAAL 167

L

LAGE 225
LANDTAG 46
LAPIDARIUM 113
LEIBFRIEDSCHER GARTEN 95
LEITZ 226
LEONHARDSKIRCHE 47, 48
LEONHARDSVIERTEL 48
LEO-VETTER-BAD 130
LEUZE 131
LIBELLENBRUNNEN 96
LICHTERFEST 97
LIEDERHALLE 49
LINDEN-MUSEUM 50
LUFTSCHUTZBUNKER 207

M

MAGNOLIENHAIN 177
MAHNMAL 51
MAMMUTBÄUME 208
MARIENHOSPITAL 114
MARIENPLATZ 115, 116
MARKTBRUNNEN 52
MARTINSKIRCHE 98
MAX-EYTH-SEE 178
MERCEDES-BENZ MUSEUM 167
MERKURSÄULE 53
MESSE 194
MINERALWASSER 168
MINIMENT 54
MOLTKEPLATZ 148
MONARCHEN 246
MUSEUM FÜR NATURKINDE 169
MUSIKPAVILLON 55

N

NECKAR 158
NECKAR KÄPT'N 170
NESENBACH 209
NEUES SCHLOSS 56, 57, 58
NEUE WEINSTEIGE 117
NILL'SCHER TIERGARTEN 99
NORDBAHNHOF 100

O

OBERPOSTDIREKTION 59
OLGA 247
ORCHESTER 227

P

PATERNOSTER 209
PLANETARIUM 60
POSTMICHELKREUZ 61
PRINZENBAU 62

R

RATHAUS 63, 64
RATHAUSTURM 65
REITKASERNE 66
RICHTSTÄTTEN 210
ROSENAU 149
ROTKREUZ 150
RÜBEZAHLSTOLLEN 183

S

SANTIAGO-DE-CHILE
PLATZ 190
S-BAHN 197
SCHILLERDENKMAL 67
SCHLOSSGARTEN 132
SCHLOSSKIRCHE 68
SCHLOSS ROSENSTEIN 171
SCHLOSS SOLITUDE 151, 152
SCHRIFTSTELLERHAUS 69
SCHULSTRASSE 70
SCHWEINEMUSEUM 133
SI-CENTRUM 191, 192
SOLITUDE-ALLEE 153
SPEISEN 228
SPIELWAREN KURZ 229
SSB 211
STAATSGALERIE 72
STADTARCHIV 172
STADTBAHN 212
STADTGARTEN 73
STADTGEBIET 213
STADTHALLE 134
STADTMAUER 74
STADTPALAIS 75
STÄFFELE 214
STATUEN 215
ST. EBERHARD KIRCHE 71
STEIFF 230
STERNWARTE 135
ST. FIDELIS 154
STIFTSKIRCHE 76, 77
ST. MARIA 118
ST. NIKOLAI 101
STÖCKACH 135
STRASSENBAHNWELT STUTTGART 173
STRASSENNAMEN 78
SÜDHEIM 119
SÜDWESTRUNDFUNK 136, 137
SÜNDERSTAFFEL 79
SYNAGOGE 80

T

TAXI 231
THEODOR-HEUSS-STRASSE 81
THIENEMANN VERLAG 232

U

UNIVERSITÄT 82, 195
UNIVERSITÄT HOHENHEIM 195

V

VFB STUTTGART 174
VILLA GEMMINGEN 120
VILLA HAUFF 138

W

WAGENBURG 83
WAGENBURGTUNNEL 139
WALPURGISKIRCHE 179
WASSERWERK HASENBERG 155
WEIN 233
WEISSENBURGPARK 121
WEISSENHOFSIEDLUNG 102
WILHELM 244
WILHELMA 175
WILHELMSBAU 84
WILHELMSPLATZ 84
WOMMY WONDER 240
WULLESTAFFEL 85
WÜRTTEMBERG 182

Z

ZAHNRADBAHN 122
ZAHNRADBAHNHOF 123
ZEICHEN DER
ERINNERUNG 103
ZETKIN 249

UNNÜTZES STUTTGARTWISSEN
Von Akropolis bis Zepellin

6. AUFLAGE FAST 10.000 VERKAUFTE EXEMPLARE

Unnützes Stuttgartwissen mag für jeden etwas anderes sein. Für über 40.000 Facebook-Fans und unzählige Leser des Web-Blogs scheint Patrick Mikolaj genau das richtige Unnütze zusammenzutragen. "Die eigene Stadt neu kennenlernen", lautet das Ziel. Was kein Geschichtsband und kein Reiseführer schafft, das schafft dieses Buch. Und weil das Internet so unhandlich ist, gibt es diese kleinen Wissenshappen nun auch als Offlineversion. Jederzeit griffbereit, immer lesenswert und mit vielen Bildern illustriert. Zum Stillen des eigenen Wissensdurstes, zum Angeben vor Freunden oder als Geschenk für alte Hasen und Neubürger: **UNNÜTZES STUTTGARTWISSEN – Von Akropolis bis Zepellin** ist für jeden Stuttgarter und Freunde der Stadt ein Muss im Bücherregal.

STUTTGART to go
Ein Spazierbuch

Dieses Buch will Sie (ent-)führen!
Einmal quer durch den Stuttgarter Talkessel. Von Nord nach Süd und von Ost nach West. Durch Parks und Gärten, durch breite Straßen und schmale Gassen. Die Hügel hinauf und die Stäffele hinunter. Entdecken Sie Stuttgarts Facettenreichtum bei entspannten Spaziergängen. Zu Fuß werden Sie die Stadt aus einem ganz neuen Blickwinkel erleben und dabei sicherlich Orte entdecken, die Ihnen bisher noch gänzlich unbekannt sind. Dieses Buch möchte dabei stets Ihr Begleiter sein, Sie leiten und informieren.

STUTTGART to go – Ein Spazierbuch nimmt Sie mit auf eine spannende Entdeckungsreise durch die baden-württembergische Landeshauptstadt.